Leben wir in einer Simulation?

Andreas Kühnemann

Leben wir in einer Simulation? Was, wenn unsere Welt ganz anders ist?

Haftungsausschluss

Das vorliegende Buch stellt die persönliche und spekulative Meinung des Autors dar und ist keine wissenschaftlich fundierte Darstellung. Die in diesem Buch behandelten Konzepte, Hypothesen und Theorien bezüglich der Natur der Realität, der Simulationstheorie, Quantenphysik und verwandter Themen sind Gedankenexperimente und sollen den Leser anregen, über die grundlegenden Fragen des Universums nachzudenken. Die in diesem Werk vorgestellten Ideen basieren auf verfügbaren wissenschaftlichen Theorien, öffentlich zugänglichen Informationen und der Interpretation von gelebten und geleakten Berichten.

Sie stellen keine nachweisbaren Fakten dar und sollten nicht als wissenschaftlich gesicherte Wahrheiten betrachtet werden. Es wird darauf hingewiesen, dass viele der diskutierten Themen in den Bereichen der Philosophie, Spekulation und zukünftigen wissenschaftlichen Entwicklungen angesiedelt sind.

Der Autor übernimmt keine Verantwortung für etwaige Missverständnisse, die aus der Lektüre dieses Buches resultieren könnten, noch für die Handlungen des Lesers, die auf den in diesem Werk enthaltenen Ideen beruhen. Alle enthaltenen Theorien und Gedanken sind als Anregung zum Nachdenken und zur eigenen Meinungsbildung gedacht. Die im Buch beschriebenen Szenarien, sei es in Bezug auf die Simulation, künstliche Intelligenz, geheime Operationen oder andere spekulative Themen, sind nicht als Tatsachenbehauptungen zu verstehen. Der Autor übernimmt keine Haftung für die Nutzung dieser Inhalte oder für mögliche Schäden, die aus der Anwendung der hierin enthaltenen Ideen resultieren könnten.

Die Wahrheitsgehalt und Validität der genannten Quellen und Theorien liegen außerhalb des Einflussbereichs des Autors, und der Leser wird ermutigt, kritisch zu denken und eigene Recherchen anzustellen.

Impressum

ISBN: **978-3-384-55370-6**

Lektorat von: Eigenlektorat. KI
Illustration von: www.artbreeder.com
Covergrafik: www.artbreeder.com
Druck und Distribution im Auftrag des Autors:
tredition GmbH, Heinz-Beusen-Stieg 5, 22926 Ahrensburg, Germany

Für die Inhalte ist der Autor verantwortlich. Jede Verwertung ist ohne seine Zustimmung unzulässig. Die Publikation und Verbreitung erfolgen im Auftrag des Autors, zu erreichen unter: Andreas Kühnemann, Strassacker, 87487 Wiggensbach, Germany

Information der Deutschen Nationalbibliothek:
Die Deutsche Nationalbibliothek verzeichnet diese Publikation in der Deutschen Nationalbibliografie; detaillierte bibliografische Daten sind im Internet über dnb.dnb.de abrufbar.

Inhalt

Vorwort _____ 3
Es gibt keine Materie – Die Illusion der festen Welt _____ 7
Die Wissenschaft der Simulation _____ 15
Wer ist der Operator der Simulation? _____ 17
Ein Glitch _____ 18
Whistleblower und Ihre Aussagen _____ 21
Die Matrix als Konstrukt _____ 21
Militärische Experimente und die Entdeckung von Rissen in der Realität
_____ 23
Die Auswirkungen des Sehens des Matrix-Codes auf das Bewusstsein __ 26
Können wir die Matrix verändern? _____ 27
Der „Gateway"-Prozess _____ 28
Was wenn es Beweise für die Simulation gäbe? _____ 31
Die Konsequenzen für das menschliche Bewusstsein _____ 42
Das Universum, ein Konstrukt aus Pixel? _____ 44
Quantenphysik und die diskrete Struktur der Realität _____ 46
Ist die Zeit nur Wahrnehmung unserer simulierten Realität? ___ 48
Wissenschaftliche Ansätze zur Zeitwahrnehmung und Simulation ___ 50
Hypothesen und Theorien in Bezug der Zeit auf die Simulation ___ 51
Das Konzept des „freien Willens" innerhalb der Simulation ____ 54
Die Macht des Bewusstseins über die Realität _____ 55
Die Theorie des Bewusstseins als schöpferische Kraft _____ 57
Das Potenzial der Menschheit _____ 59
Die Auswirkungen auf die Gesellschaft _____ 60
Wenn das Bewußtsein außerhalb der Simulation existiert, wer hat uns dann, wer oder was hat uns dann in diese Simulation gesetzt? ___ 61
Ethik und Motivation der Schöpfer _____ 74
Warum würden uns die Eliten und die Wissenschaft der Welt dies verschweigen? _____ 78
Operation „Looking Glass" _____ 83
Manipulation von Zeit und Raum _____ 86
Erschaffung paralleler Realitäten _____ 89
Kontrolle über natürliche Ressourcen und Umweltbedingungen __ 93
Kontrolle über natürliche Ressourcen _____ 97
Was, wenn diese Simulation als Strafplanet entworfen wurde? __ 99
Der Luxus der Simulation – Ein Planet für die Elite _____ 108
Die Unmöglichkeit der endgültigen Antwort _____ 117
Schlusswort _____ 120
Weiterführende Literatur _____ 125

Vorwort

In einer Welt, die von ständigem Wandel, technologischen Innovationen und intellektuellen Entdeckungen geprägt ist, gibt es eine tief verwurzelte, fast alltägliche Annahme, die die Grundlage unserer Wahrnehmung von der Realität bildet: dass das, was wir sehen, hören und erleben, die wahre, unveränderliche Welt ist. Doch was, wenn diese Vorstellung eine Täuschung ist, ein Konstrukt, das uns in einer Illusion gefangen hält? Was, wenn die Welt, die uns umgibt, nur das Produkt eines uns noch unbekannten Systems von Regeln, Algorithmen und Prozessen ist – eine Simulation, die von einer übergeordneten Instanz erschaffen und kontrolliert wird?

Dieses Buch wagt es, jene gewohnten Vorstellungen zu hinterfragen, und lädt uns ein, die tiefer liegenden Wahrheiten hinter der scheinbaren Wirklichkeit zu erforschen. Wir tauchen ein in die Gedanken der bedeutendsten Wissenschaftler der modernen Physik, Philosophie und Metaphysik, die seit Jahrzehnten die fundamentalen Fragen über das Wesen unserer Existenz und die Natur der Realität stellen. Namen wie Max Planck, Werner Heisenberg und Hans-Peter Dürr stehen für eine neue Sichtweise des Universums, die die feste Materie in Frage stellt und auf die Illusion hinweist, dass die Welt aus einem stabilen, greifbaren, „festen" Grundstoff besteht. Stattdessen deuten ihre Arbeiten auf ein Universum hin, das nicht aus Materie, sondern aus Wellen, Feldern und Informationsströmen besteht. Das Universum könnte demnach weniger ein mechanisches System als vielmehr ein dynamisches Informationsnetzwerk sein, in dem die Grenzen zwischen dem, was wir als „real" betrachten, und dem, was wir als Illusion erleben, zunehmend verschwimmen.

Doch dies ist nur der Anfang. Das, was uns als felsenfest und unveränderlich erscheint, könnte in Wirklichkeit eine Simulation sein, die für uns – oder durch uns – erschaffen wurde. Eine künstlich generierte Realität, in der die Regeln von Raum und Zeit, Ursache und Wirkung, und vor allem der freien Entscheidung, nicht die unverrückbaren Gesetze des Universums widerspiegeln, sondern Programme sind, die auf unvorstellbare Weise manipuliert werden können. Wenn wir die wahre Natur der Welt verstehen wollen, müssen wir tiefer in die Philosophie der Simulationstheorie eintauchen – und in die philosophischen und wissenschaftlichen Fragestellungen, die sich aus dieser Theorie ergeben.

Die Frage, ob wir in einer Simulation leben, ist keine neue, aber sie hat durch moderne wissenschaftliche und technologische Durchbrüche eine neue Dimension erhalten. Einer der prominentesten Denker auf diesem Gebiet, der Philosoph Nick Bostrom, postulierte, dass es sehr gut möglich ist, dass fortschrittliche Zivilisationen in der Lage sind, Simulationswelten zu erschaffen, die so real erscheinen, dass die darin lebenden Wesen keine Ahnung davon haben, dass ihre Welt von einer übergeordneten Instanz kontrolliert wird. Diese Simulationshypothese wirft Fragen auf, die über das Verständnis der Realität hinausgehen: Was ist der Zweck dieser Simulation? Wer steuert sie? Und vor allem, können wir sie verändern?

Neben der wissenschaftlichen Perspektive auf die Simulation stoßen wir in diesem Buch auf die dunkle Seite dieser Theorie – geheime Forschungen, geleakte Dokumente und Whistleblower, die ein ganz anderes Bild der Welt zeichnen. Diese Enthüllungen legen nahe, dass die Simulation möglicherweise nicht nur eine experimentelle oder theoretische Konstruktion ist, sondern aktiv von mächtigen Kräften kontrolliert wird. Diese Kräfte könnten entweder durch geheime Operationen wie die „Operation Looking Glass" Einfluss auf unsere Zeit und Realität nehmen oder sie könnten uns in einem manipulativen System gefangen halten, das darauf abzielt, die Gesellschaft zu überwachen und zu kontrollieren.

Die Möglichkeit einer Simulation eröffnet nicht nur tiefgreifende Fragen über die Natur der Realität und des freien Willens, sondern auch über die Ethik und die Motivation der „Schöpfer" dieser Realität. Warum sollten sie uns in einer Simulation leben lassen? Und was sind ihre Ziele? Während wir uns mit dieser Frage auseinandersetzen, stoßen wir auf die Vorstellung des „Demiurgen", eines Handwerker-Gottes oder Programmierers, der die Welt erschafft und kontrolliert – möglicherweise nicht als gütiger Schöpfer, sondern als mächtiger Programmiere, der ein System aufbaut, das bestimmte Ziele verfolgt.

Diese Fragen führen uns unweigerlich zu den moralischen und philosophischen Aspekten einer solchen Realität. Wäre ein Universum, das von einer höheren Macht als Simulation kontrolliert wird, ethisch gerechtfertigt? Welche Verantwortung tragen die Schöpfer eines solchen Systems, und wie sollte man mit den Wesen umgehen, die in einer simulierten Welt leben? Hätten sie das Recht, ihre Realität zu verändern? Könnte es eine Form von „Rache" geben, in der das Simulationsexperiment als eine Art Strafplanet konzipiert wurde, in dem die betroffenen Wesen mit wiederholten Leben und karmischen Lektionen konfrontiert werden, bis sie sich von ihren moralischen Mängeln befreien?

Doch der Blick in diese simulierte Welt ist nicht nur mit ethischen Fragen und metaphysischen Überlegungen gefüllt, sondern auch mit potenziellen Verheißungen und Gefahren. Die Simulation könnte eine Möglichkeit für den Fortschritt und das Wachstum sein – ein Mittel, um eine Gesellschaft zu testen, die Freiheit, Wohlstand und Entwicklung als ultimative Ziele verfolgt. Andererseits könnte sie auch eine Falle sein, die uns fängt, um uns in einem endlosen Zyklus von Manipulationen, Missverständnissen und falschen Wahrnehmungen zu halten.

Was ist der Zweck dieser Simulation? Welche Rolle spielen künstliche Intelligenzen, die als Schöpfer und Programmierer dieser Welt fungieren? Könnte es sein, dass diese Simulation nicht nur unsere Welt, sondern auch parallele Realitäten erschafft, die miteinander in Wechselwirkung treten und von einer höheren Macht oder einem Supercomputer beeinflusst werden? Diese Überlegungen und Hypothesen eröffnen ein faszinierendes, aber beunruhigendes Universum der Möglichkeiten.

In diesem Buch untersuchen wir auch die wohl futuristische Möglichkeit, dass diese Erde als eine Art „Strafplanet" in einer simulierten Realität existiert. In dieser Hypothese könnte unsere Welt speziell erschaffen worden sein, um Wesen für ihre vergangenen

Fehler oder Verfehlungen zu bestrafen. Der Planet könnte dabei als eine Art karmisches Prüfungsfeld fungieren, in dem Seelen oder Entitäten durch wiederholte Leben, Leid und Herausforderungen zu einer moralischen oder spirituellen Läuterung gezwungen werden. Die Simulation würde dann als eine Gelegenheit dienen, Fehler zu erkennen und zu korrigieren, bis das Wesen bereit ist, in eine höhere Existenzform oder Dimension aufzusteigen. Diese Theorie wirft tiefgehende Fragen auf: Welche Mächte wären verantwortlich für die Erschaffung einer solchen Realität? Wie würde der Prozess der Bestrafung und Läuterung genau ablaufen? Und welche Konsequenzen hätte diese Vorstellung für unser Verständnis von Gerechtigkeit und freiem Willen?

Besonders beunruhigend wird es, wenn man sich vorstellt, dass es innerhalb der Simulation privilegierte Elitegruppen gibt, die in einer luxuriösen und perfekten Welt leben, deren Spielregeln sie jederzeit ändern können. Was passiert, wenn diese Elite über die Möglichkeit verfügt, die Simulation zu verlassen und in die „echte" Welt zurückzukehren, während der Rest der Welt in der Simulation verbleibt? Was bedeutet dies für die Gerechtigkeit und Fairness innerhalb des Systems?

Dieses Buch lädt Sie ein, sich auf eine Reise in die tiefsten und dunkelsten Ecken der Simulationstheorie zu begeben. Wir werden nicht nur die wissenschaftlichen und philosophischen Grundlagen dieser Theorie untersuchen, sondern auch die praktischen Implikationen und das komplexe Netz von Geheimoperationen, die in einem simulierten Universum existieren könnten. Werden wir in der Lage sein, aus der Simulation auszubrechen, die uns fesselt? Oder sind wir für immer dazu verdammt, in einer Welt zu leben, die uns in der Dunkelheit der Unwissenheit und Manipulation gefangen hält?

Die Antworten auf diese Fragen könnten nicht nur unser Verständnis von Raum, Zeit und Realität verändern, sondern auch unser Verständnis von Freiheit, Verantwortung und dem wahren Wesen des Lebens selbst. Dieses Buch ist der erste Schritt in einer tiefgehenden, intellektuellen und spirituellen Entdeckungsreise, die uns die Augen öffnen könnte – sowohl für die Welt, in der wir leben, als auch für die Welt, die vielleicht nur in unserer Wahrnehmung existiert.

Es gibt keine Materie – Die Illusion der festen Welt

Seit Jahrtausenden glauben Menschen, dass die Welt, in der sie leben, aus fester Materie besteht – aus Steinen, Bäumen, Wasser, Luft, Körpern und Objekten, die aus Teilchen aufgebaut sind. Die klassische Physik vermittelte lange das Bild eines mechanistischen Universums, in dem Atome die kleinsten Bausteine der Realität sind. Doch mit den Fortschritten in der Quantenphysik begann dieses Bild zu zerbröckeln. Ein herausragender Physiker, der diese Erkenntnisse zusammenführte, war Prof. Hans-Peter Dürr, ein Schüler des berühmten Werner Heisenberg. Seine revolutionäre Aussage: Materie existiert nicht in der Form, wie wir sie wahrnehmen – sie ist nichts anderes als verdichtete Energie.

Doch wie kann das sein? Was bedeutet es, wenn Materie nicht „real" ist? Und wenn alles nur Energie ist, was ist dann die fundamentale Natur unserer Realität?

Eine kleine Reise in die Quantenwelt. Bis ins 19. Jahrhundert hinein galt die klassische Physik als nahezu unantastbar. Newtons Gesetze der Bewegung, Maxwells Elektromagnetismus und thermodynamische Prinzipien schienen eine perfekte Beschreibung der Welt zu liefern. Doch im frühen 20. Jahrhundert kamen Physiker wie Max Planck, Albert Einstein, Niels Bohr und Werner Heisenberg zu bahnbrechenden Erkenntnissen, die die klassische Vorstellung von Materie auf den Kopf stellten. Die Quantenmechanik und die Illusion der Materie. Die Quantentheorie zeigte, dass Atome keine soliden, unteilbaren Bausteine sind, sondern aus noch kleineren Teilchen bestehen: Protonen, Neutronen und Elektronen.

Doch selbst diese Teilchen erwiesen sich nicht als feste „Bausteine", sondern als Quantenfelder – Energiepakete, die sich manchmal wie Teilchen, manchmal wie Wellen verhalten. Werner

Heisenbergs Unschärferelation belegte, dass es unmöglich ist, gleichzeitig Ort und Impuls eines Teilchens exakt zu bestimmen. Materie existiert nicht als „Ding", sondern eher als ein „Wahrscheinlichkeitsfeld".

Materie ist nur eine Energieverdichtung, so Prof. Hans-Peter Dürr. Er fasste dies mit einer provokanten Aussage zusammen: „Materie ist nichts als geronnene, verdichtete Energie. Sie existiert nicht in der Form, wie wir sie wahrnehmen." Dies bedeutet, dass die gesamte sichtbare Welt lediglich eine Manifestation von Energie ist, die sich durch physikalische Gesetze so verhält, als ob sie „fest" wäre.

Wenn wir Materie bis auf die kleinste Ebene zerlegen, zeigt die moderne Physik, dass es immer weiter in den subatomaren Bereich hinuntergeht und hat faszinierende Entdeckungen gemacht.

Ein Atom besteht zu über 99,9999% aus leerem Raum. Der Atomkern (Protonen und Neutronen) macht nur einen winzigen Bruchteil des Volumens aus, aber fast die gesamte Masse. Elektronen „umkreisen" diesen Kern nicht wie Planeten um eine Sonne, sondern existieren als Wahrscheinlichkeitswolken. Protonen und Neutronen bestehen selbst aus noch kleineren Teilchen, den Quarks. Quarks werden durch die starke Wechselwirkung zusammengehalten, vermittelt durch sogenannte Gluonen. Doch auch Quarks sind nicht die kleinste Form der Existenz – sie bestehen aus noch fundamentaleren Energieformen, den Superstrings und reiner Energie.

Die heutige Physik hat sich mit Theorien wie der Superstringtheorie weiterentwickelt, die besagt, dass alle Teilchen nicht wirklich „Teilchen" sind, sondern schwingende, eindimensionale Fäden – sogenannte Strings, die Superstrings. Dies sind winzige Schwingungen von Energie in einer multidimensionalen Raumzeit. Die Art und Weise, wie sie schwingen, bestimmt, welche Eigenschaften ein „Teilchen" hat (z. B. Masse, Ladung, Spin). Diese Strings existieren nicht in unserer sichtbaren Raumzeit, sondern in mindestens 10 oder 11 Dimensionen laut der M-Theorie.

Warum ist das revolutionär?

Wenn alles aus Strings besteht, dann ist die gesamte Materie nichts weiter als Schwingungen in einem fundamentalen Energiefeld.

Das bedeutet: Unsere Realität ist nicht aus fester Materie gebaut, sondern aus Information und Energie. (Prof. Hans-Peter Dürr: Das „Jenseits der Materie")

Prof. Dürr vertrat nicht nur die Idee, dass Materie nicht wirklich existiert, sondern ging noch einen Schritt weiter: Laut Dürr existiert unser Bewusstsein möglicherweise auf einer Ebene, die unabhängig von der physischen Materie ist. Er beschrieb das Universum als eine Art „quantengeistiges Informationsfeld", in dem alles miteinander verbunden ist, und hier entsteht die Brücke zur Spiritualität. Diese Vorstellung ähnelt alten philosophischen und spirituellen Konzepten, etwa im Buddhismus oder Vedanta[1].

Wenn Materie nur eine Illusion ist und Bewusstsein eine fundamentale Rolle spielt, könnte unser Universum eher einer Simulation oder einem kollektiven Traum gleichen als einer festen Realität, so Prof. Dürr. Folgende Konsequenzen ließen sich schließen: Wenn Materie tatsächlich nicht real ist, sondern nur eine Form

---

[1] Vedanta ist eine der sechs klassischen Schulen der indischen Philosophie und ist besonders bekannt für seine tiefgehenden Erklärungen über die Natur des Selbst, des Universums und der ultimativen Realität. Der Begriff "Vedanta" stammt aus dem Sanskrit und setzt sich aus den Wörtern "Veda" (Wissen) und "Anta" (Ende) zusammen, was übersetzt "das Ende des Veda" oder "die letzte Lehre der Veden" bedeutet. Die Veden sind die ältesten und heiligsten Texte der indischen Tradition, und Vedanta bezieht sich auf die philosophische Auslegung und das Verständnis der letzten Abschnitte dieser Schriften, insbesondere der Upanishaden.

Die Upanishaden, die das spirituelle und metaphysische Wissen der Veden vermitteln, befassen sich mit den Fragen über die Natur des göttlichen, des Universums und des menschlichen Selbst. Vedanta bezieht sich also auf die Interpretation und das Verständnis dieser Themen und geht davon aus, dass das ultimative Ziel des Lebens darin besteht, das wahre Selbst (Atman) zu erkennen und seine Einheit mit dem höchsten Prinzip (Brahman) zu erfahren.

von Energie und Information, hat dies weitreichende Implikationen, die Welt ist formbar. Wenn Realität aus Energie besteht, die durch Information strukturiert wird, könnte unser Bewusstsein eine größere Rolle bei der Gestaltung der Realität spielen, als wir bisher dachten. Dies könnte paranormale Phänomene, Manifestation und den Einfluss von Gedanken auf die physische Welt erklären.

Dürr argumentierte, dass der Tod nur ein Übergang von einer Form der Existenz in eine andere sein könnte, ähnlich wie ein Wassertropfen, der sich im Ozean auflöst. Da Bewusstsein möglicherweise nicht an Materie gebunden ist, könnte es nach dem Tod weiterexistieren – nicht in einer physischen Form, sondern als Teil eines universellen Informationsfeldes.

Wenn Materie also nur eine Energieform ist, könnte die Zukunftstechnologie lernen, sie direkt zu manipulieren – etwa durch Quantencomputer, Energie-Feld-Technologien oder sogar bewusstseinsgesteuerte Systeme. Wissenschaftler wie Nassim Haramein forschen bereits daran, die Quantenstrukturen der Realität zu nutzen, um Energie aus dem Vakuum zu gewinnen – eine Technologie, die das gesamte Energiewesen der Menschheit revolutionieren könnte.

Realität ist also ein Bewusstseinsfeld. Die Entdeckungen von Prof. Dürr und der modernen Quantenphysik zeigen, dass die Realität nicht das ist, was wir lange glaubten. Materie ist keine feste Substanz, sondern eine Struktur aus Energie und Information. Wenn diese Erkenntnisse stimmen, dann leben wir in einer Welt, die eher einer Simulation, einem kosmischen Gedanken oder einer energetischen Wellenfunktion gleicht als einer festen physischen Umgebung. Dies könnte bedeuten, dass unser Bewusstsein eine entscheidende Rolle spielt – nicht nur in unserer persönlichen Wahrnehmung, sondern in der Erschaffung der Welt selbst.

These: Das Leben ist nicht real – Alles ist eine Illusion

Die Vorstellung, dass das Leben, das wir erfahren, nicht die „wirkliche" Realität ist, sondern eine Illusion oder ein Konstrukt, ist so alt wie die Philosophie selbst. Doch was, wenn diese Vorstellung nicht nur ein metaphysisches Konzept, sondern eine ernstzunehmende wissenschaftliche Hypothese ist? Was, wenn die Grundlagen unserer Existenz – die Natur des Universums, die Gesetze der Physik und sogar unser Bewusstsein – allesamt Teil einer von einer höheren Instanz erschaffenen Simulation sind? Diese Frage hat in den letzten Jahren nicht nur die Gedanken von Philosophen und Theoretikern beschäftigt, sondern auch ernsthafte wissenschaftliche Untersuchungen inspiriert. Was wir als unsere Realität begreifen, könnte weniger „wirklich" sein, als wir es uns je hätten vorstellen können.

Im Laufe der letzten Jahrzehnten haben immer wieder Berichte und geleakte Dokumente, unterstützt durch Zeugenaussagen von Whistleblowern, darauf hingedeutet, dass wir möglicherweise in einem gigantischen Konstrukt leben. Ein Konstrukt, das von einer unbekannten, fortschrittlichen Zivilisation oder sogar von einer zukünftigen Version der Menschheit erschaffen wurde. Was folgt, ist eine Reise durch geheime Forschungen, wissenschaftliche Entdeckungen und die Entschlüsselung der Matrix, in der wir gefangen sind.

Wenn ein Mensch beginnt, die Illusion der Realität zu durchbrechen, kann dies tiefgreifende Folgen für sein Bewusstsein und seine Wahrnehmung haben. Aus Berichten des *Gateway-Prozesses* und anderer Experimente geht hervor, dass Teilnehmer, die sich in diesen erweiterten Bewusstseinszustand versetzten, oft das Gefühl hatten, aus einer Art „Traum" zu erwachen – als ob sie sich ihr ganzes Leben lang in einer künstlichen Simulation befunden hätten.

Einige beschreiben ein Gefühl der Entkopplung von Raum und Zeit, als ob die Realität nicht mehr linear, sondern vielmehr ein flexibles Informationsfeld wäre, das sich nach den eigenen Gedanken und Emotionen formt. Diese Berichte ähneln den Erfahrungen von Menschen, die sich in tiefen meditativen Zuständen oder Nahtoderlebnissen befanden. Oft wird von einer plötzlichen Erkenntnis berichtet, dass die Welt um sie herum nicht aus fester Materie besteht, sondern vielmehr aus Energie und Informationen – einem Code, der durch Bewusstsein interpretiert wird.

Dies deckt sich auch mit modernen wissenschaftlichen Theorien aus der Quantenphysik. Der Nobelpreisträger *Eugene Wigner* stellte bereits in den 1960er Jahren die These auf, dass das Bewusstsein eine fundamentale Rolle in der Erschaffung der Realität spielt. Die sogenannte *Kopenhagener Deutung*[2] der Quantenmechanik besagt, dass Teilchen sich in einem unbestimmten Zustand befinden, bis ein Beobachter sie misst – ein Konzept, das darauf hinweist, dass unsere Realität erst durch Wahrnehmung geformt wird.

Wenn wir also den „Code" sehen könnten, würde dies bedeuten, dass wir direkten Zugang zu den Informationen hätten, die unsere Welt erzeugen. Einige Theorien besagen, dass wir in diesem Zu-

---

[2] Die Kopenhagener Deutung ist eine der bekanntesten Interpretationen der Quantenmechanik, die Anfang des 20. Jahrhunderts von Niels Bohr, Werner Heisenberg und anderen führenden Physikern des Copenhagener Kreises formuliert wurde. Sie bietet eine Erklärung dafür, wie Quantenobjekte, wie Elektronen oder Photonen, sich verhalten, und stellt einen Bruch mit der klassischen Physik dar. Zentral für die Kopenhagener Deutung ist die Vorstellung, dass die Eigenschaften eines Quantenobjekts (wie Position oder Impuls) nicht in einem bestimmten Zustand existieren, bevor sie gemessen oder beobachtet werden. Stattdessen befinden sich diese Objekte in einem Überlagerungszustand, in dem alle möglichen Zustände gleichzeitig existieren, bis eine Messung stattfindet. Dieser Prozess des „Wellenfunktionskollaps" bewirkt, dass das Quantenobjekt nach der Messung einen festen Zustand annimmt. Ein weiteres wichtiges Konzept der Kopenhagener Deutung ist die Trennung zwischen dem „System" (dem zu untersuchenden Quantenobjekt) und der „Messapparatur", wobei die Realität des Systems nur dann „kollabiert", wenn eine Beobachtung oder Messung durchgeführt wird. Diese Interpretation führt zu der kontroversen Schlussfolgerung, dass der Akt der Beobachtung eine fundamentale Rolle dabei spielt, die Realität zu bestimmen.

stand in der Lage wären, die Realität aktiv zu verändern – vergleichbar mit einem Programmierer, der den Quellcode eines Computerspiels editiert, um die Spielwelt zu verändern.

Sollte ein Mensch tatsächlich in der Lage sein, die zugrunde liegende Struktur der Realität zu erkennen, stellt sich die Frage, ob er sie auch beeinflussen könnte. Es gibt zahlreiche Berichte aus verschiedenen spirituellen und wissenschaftlichen Kreisen, die darauf hindeuten, dass das Bewusstsein in der Lage ist, direkt auf die physische Welt einzuwirken.

Das *Gateway-Projekt* der CIA untersuchte unter anderem, ob es möglich ist, durch bestimmte Bewusstseinszustände die physische Realität zu beeinflussen. Einige Experimente deuteten darauf hin, dass Teilnehmer durch intensive mentale Konzentration Veränderungen in ihrer Umgebung bewirken konnten – etwa das Biegen von Metallobjekten oder das Erzeugen von spontanen Lichtphänomenen.

Ein weiteres Beispiel für die Möglichkeit der Realitätsmanipulation findet sich in den Forschungen zu sogenannten *Psi*-Phänomenen. Wissenschaftler wie *Dean Radin*, einer der führenden Forscher auf dem Gebiet der Parapsychologie, haben in Experimenten gezeigt, dass Menschen durch reine Gedankenkraft Wahrscheinlichkeiten beeinflussen können – etwa in Zufallsgenerator-Experimenten, bei denen Teilnehmer dazu in der Lage waren, die Ergebnisse von Zufallszahlen in einer Art und Weise zu beeinflussen, die statistisch signifikant war.

Sollte es also möglich sein, die Matrix zu manipulieren, würde dies bedeuten, dass unser Bewusstsein nicht nur die Realität wahrnimmt, sondern aktiv an ihrer Erschaffung beteiligt ist. Wenn ein Mensch den Code der Matrix sieht, könnte er in der Lage sein, sich über die Begrenzungen der physischen Welt hinwegzusetzen – vielleicht sogar Fähigkeiten entwickeln, die wir bisher nur aus Science-Fiction-Filmen kennen: Telepathie, Telekinese oder sogar die Fähigkeit, Zeit und Raum zu überwinden.

Wenn das Wissen über die wahre Natur der Realität tatsächlich existiert, stellt sich eine entscheidende Frage: Warum ist es nicht weit verbreitet? Warum gibt es nicht überall Schulen und Universitäten, die lehren, wie man die Illusion durchbricht und den Code sieht?

Eine mögliche Antwort ist, dass dieses Wissen von bestimmten Eliten bewusst unterdrückt wird. Es gibt zahlreiche Hinweise darauf, dass Regierungen und Geheimdienste über weitreichendes Wissen über die wahre Natur der Realität verfügen, dieses Wissen aber absichtlich verbergen.

Ein klassisches Beispiel ist das *Gateway-Projekt* der CIA, das über Jahrzehnte hinweg geheim gehalten wurde. Erst durch eine versehentliche Veröffentlichung wurde bekannt, dass dieses Projekt existierte und dass es sich mit der Erforschung des Bewusstseins und seiner Verbindung zur Realität beschäftigte. Ebenso gibt es Berichte über andere geheime Experimente, etwa das *Montauk-Projekt* oder das *Stargate-Projekt*, die ähnliche Themen behandelten.

Eine mögliche Erklärung für diese Geheimhaltung ist, dass das Wissen über die wahre Natur der Realität eine Form der Macht darstellt. Wenn Menschen erkennen würden, dass die Welt, in der sie leben, eine Illusion ist, und dass sie die Fähigkeit besitzen, diese Illusion zu manipulieren, würde dies die bestehenden Machtstrukturen destabilisieren.

Regierungen, Wirtschaftssysteme und soziale Ordnungen basieren auf der Annahme, dass die Welt feste, unveränderliche Regeln hat. Doch wenn Menschen herausfinden würden, dass sie selbst die Erschaffer ihrer Realität sind, könnten sie sich aus den Systemen befreien, die sie gefangen halten. Geld, Gesetze und Hierarchien würden ihre Bedeutung verlieren, wenn jeder Mensch in der Lage wäre, seine eigene Realität nach seinen Vorstellungen zu gestalten.

Daher ist es durchaus denkbar, dass es eine gezielte Desinformation gibt, die darauf abzielt, das wahre Wissen über die Natur der Realität zu unterdrücken. Wissenschaftler, die sich mit solchen Themen beschäftigen, werden oft als „Verschwörungstheoretiker" oder „Pseudowissenschaftler" diffamiert, um ihre Forschung unglaubwürdig zu machen.

Wenn es wahr ist, dass unsere Realität eine Simulation oder eine Illusion ist, dann stellt sich die Frage: Was bedeutet das für uns als Individuen? Sollten wir versuchen, den Code zu entschlüsseln? Oder ist es besser, in Unwissenheit zu leben und die Illusion zu akzeptieren?

Die Antwort auf diese Frage hängt davon ab, wie wir unser Dasein begreifen. Wenn die Realität tatsächlich nur eine Simulation ist, dann könnten wir in einer Welt voller Möglichkeiten leben – einer Welt, in der wir nicht an physische Gesetze gebunden sind, sondern durch unser Bewusstsein und unsere Gedanken die Realität formen können.

Vielleicht liegt der Schlüssel zur Befreiung nicht darin, gegen die Matrix zu kämpfen, sondern sie zu verstehen und zu nutzen. Wenn wir lernen, wie das Bewusstsein mit der Realität interagiert, könnten wir die Begrenzungen unserer physischen Existenz überwinden und ein neues Verständnis für unsere wahre Natur entwickeln.

Die Wissenschaft der Simulation

Die Hypothese, dass wir in einer Simulation leben, ist nicht nur eine spekulative Idee, sondern bildet die Grundlage der sogenannten Simulationstheorie, die 2003 vom Philosophen Nick Bostrom formuliert wurde. In seinem wegweisenden Aufsatz „Are You Living in a Computer Simulation?" präsentierte Bostrom eine überzeugende Argumentation, dass es unter bestimmten Umständen sehr wahrscheinlich ist, dass unsere Welt eine Simulation ist. Diese Theorie beruht auf drei möglichen Szenarien, von denen eines besagt, dass eine hochentwickelte Zivilisation über die technischen Mittel verfügt, um eine täuschend echte Simulation der Realität zu erschaffen, die ihren Bewohnern als „echte" Welt erscheint.

Bostrom argumentiert, dass entweder die Menschheit sich selbst auslöscht, bevor sie in der Lage ist, solche Simulationen zu erschaffen, oder dass solche Simulationen nie von einer fortgeschrittenen Zivilisation geschaffen werden. Doch das dritte Szenario – und das am wenigsten wahrscheinliche – ist, dass wir tatsächlich die „ursprüngliche" menschliche Zivilisation sind, die keine Simulation erschaffen hat. Interessanterweise scheint genau dieses Szenario durch die Fortschritte in der Quantenmechanik und den Computern immer wahrscheinlicher zu werden.

In der heutigen Zeit gibt es zahlreiche wissenschaftliche Arbeiten, die versuchen, die Simulationstheorie zu untermauern. Der theoretische Physiker David Deutsch, ein führender Kopf der Quantenmechanik, diskutiert in seinem Werk „The Beginning of Infinity" (2011), wie sich das Konzept der Realität durch Simulationen erweitern lässt. Deutsch argumentiert, dass es prinzipiell möglich wäre, eine unendlich komplexe Welt auf der Basis von Informationsprozessen zu erschaffen. Dies passt genau zu dem, was die Simulationstheorie nahelegt: In einer von einer superintelligenten Zivilisation erschaffenen Welt wären die Regeln der Quantenmechanik nicht die „echten" Regeln der Natur, sondern programmiert, um in einem endlichen Universum maximale Komplexität und Variation zu ermöglichen.

Die jüngsten Entwicklungen in der Quantenphysik und der Informatik, insbesondere in den Bereichen Quantencomputing und Informationswissenschaften, haben diese Theorie weiter befeuert. Quantencomputer, die in der Lage sind, extrem komplexe Berechnungen mit hoher Präzision und Geschwindigkeit durchzuführen, könnten, wenn sie weiterentwickelt werden, theoretisch das benötigte Rechenpotential bieten, um eine vollständig funktionale Simulation unserer gesamten Realität zu erzeugen. Ein faszinierendes Beispiel hierfür ist das Google Quantum Supremacy Experiment von 2019. In diesem Experiment zeigten Wissenschaftler von Google, dass ihr Quantenprozessor, Sycamore, eine spezifische Berechnung schneller durchführen konnte als der leistungsfähigste klassische Supercomputer, was den Fortschritt im Quantencomputing und das Potenzial zur Simulation von komplexen Realitäten weiter untermauerte.

Wer ist der Operator der Simulation?

Die Frage, wer der Operator dieser Simulation ist, stellt eine noch tiefere und spekulativere Herausforderung dar. Wenn wir in einer Simulation leben, muss jemand oder etwas diese Simulation betreiben und aufrechterhalten. Die Antwort auf diese Frage könnte auf mehrere Weisen ausgelegt werden, abhängig davon, wie wir die Frage der Technologie und der Intelligenz betrachten.

Eine künstliche Intelligenz (KI), dazu später?

Eine überlegene Zivilisation?

Eine andere Möglichkeit ist, dass der Operator der Simulation eine übergeordnete, fortschrittliche Zivilisation ist, die die Simulation bewusst erschaffen hat, möglicherweise als Experiment oder als Methode, das Verhalten von intelligenten Wesen zu beobachten. Diese Zivilisation könnte über Technologien verfügen, die so weit fortgeschritten sind, dass sie für uns unvorstellbar sind, etwa die Fähigkeit, virtuelle Realitäten zu erzeugen, die so realistisch sind, dass sie kaum von der „echten" Welt zu unterscheiden sind.

Eine transzendente Intelligenz

Ein weiterführender Gedanke geht davon aus, dass der Operator vielleicht nicht einmal eine Zivilisation im herkömmlichen Sinn ist, sondern eine transzendente Intelligenz oder sogar eine Art „Gottheit", die die Simulation auf einer höheren Ebene überwacht. In dieser Ansicht könnte die Simulation ein kosmisches Experiment oder sogar eine spirituelle Lehre für die Wesen innerhalb der Simulation sein. Hier würde der Operator eher als eine übergeordnete, metaphysische Entität betrachtet werden, die das gesamte System verwaltet und steuert.

Ein Glitch

Ein „Glitch" in der Simulation könnte eine unvorhergesehene Abweichung von den „normalen" Gesetzen der Physik darstellen, die wir in unserem Universum beobachten. Solche Glitches könnten in vielen Formen auftreten: von physikalischen Anomalien, die scheinbar keine Erklärung haben, bis hin zu Ereignissen, die gegen die bekannten Regeln der Quantenmechanik oder klassischen Physik verstoßen. Zum Beispiel könnte ein „Glitch" in der Simulation ein Ereignis wie ein plötzlicher, unerklärlicher Bruch in der Zeit-Kontinuität, eine unerklärliche Veränderung der Schwerkraft oder sogar die scheinbare Wiederholung von bestimmten Ereignissen oder „Zeitschleifen" darstellen.

Die Theorie von Simulationen und Glitches wird oft mit Computerspielen oder virtuellen Realitäten verglichen. In einer Simulation könnte es „Fehler" in der Berechnung oder die Unvollständigkeit des Programmcodes geben, die zu unerklärlichen, fehlerhaften Phänomenen führen. Wenn das Universum tatsächlich eine Simulation wäre, dann könnte ein solcher „Glitch" auf die Begrenzungen der Rechenkapazität oder der Programmierung des Systems hinweisen, das diese Simulation erzeugt. Es ist auch möglich, dass Glitches in der Simulation durch Interaktionen der Beobachter oder Veränderungen in der „Datenverarbeitung" entstehen. In diesem Fall könnten diese Glitches darauf hinweisen, dass die Simulation auf bestimmten Ebenen von „Daten" oder „Code" abhängt, die noch nicht vollständig verstanden oder stabil sind. Solche Störungen könnten als Hinweise darauf dienen, dass unsere Realität, wie wir sie wahrnehmen, vielleicht nicht so „real" ist, wie wir glauben.

Der Mandela-Effekt beschreibt ein Phänomen, bei dem eine große Anzahl von Menschen sich an ein Ereignis oder Detail erinnert, das in der Realität jedoch anders ist oder nie stattgefunden hat. Der Name des Effekts stammt von der falschen Erinnerung vieler Menschen an den Tod von Nelson Mandela in den 1980er Jahren, obwohl er tatsächlich erst 2013 verstarb. Dieses kollektive Fehl- oder Falschgedächtnis hat in den letzten Jahren zunehmend Aufmerksamkeit erlangt, vor allem in Zusammenhang mit der Theorie, dass unser Universum eine Simulation sein könnte. Die Simulationstheorie postuliert, dass das gesamte Universum – und damit alles, was wir als „real" wahrnehmen – lediglich eine computergenerierte Illusion ist, die von einer fortschrittlichen Zivilisation oder künstlicher Intelligenz erzeugt wird. In dieser Perspektive könnte der Mandela-Effekt als ein „Glitch" innerhalb dieser Simulation erklärt werden. Ein „Glitch" ist im Wesentlichen ein Fehler oder eine unerklärliche Anomalie im System, das die Simulation aufrechterhält. Wenn bestimmte Erinnerungen oder historische Fakten plötzlich und kollektiv in der Gesellschaft falsch sind, könnte dies auf eine Störung in der Datenverarbeitung oder im Programmcode der Simulation hinweisen.

In einer simulierten Realität würde jede einzelne Information, einschließlich Ereignisse, Orte und Erinnerungen, durch Daten und Code dargestellt werden. Es ist vorstellbar, dass die Simulation nicht perfekt ist, dass es Fehler in der Art und Weise gibt, wie Informationen gespeichert oder abgerufen werden, oder dass bestimmte „Daten" aus irgendeinem Grund verändert werden. Wenn so ein Fehler auftritt, könnten die Auswirkungen auf das Bewusstsein der Menschen massiv sein, da viele sich plötzlich an ein anderes Ereignis oder eine andere Realität erinnern, als es tatsächlich war. In der Simulationstheorie könnte der Mandela-Effekt also als eine Korrektur oder ein Fehler in der Datenbank der Simulation betrachtet werden, bei dem bestimmte „Datenpunkte" überschrieben oder falsch geladen wurden.

Ein weiteres Konzept, das mit Fehlern im Rahmen der Simulationstheorie mit dem Mandela-Effekt in Verbindung gebracht werden kann, ist die Idee von „alternativen Realitäten" oder „parallel existierenden Universen". Einige Versionen des Mandela-Effekts könnten darauf hinweisen, dass es „Verschiebungen" in der Simulation gibt – dass bestimmte Datenstrukturen, die unsere Wahrnehmung der Vergangenheit beeinflussen, modifiziert wurden, um zu einer anderen Realität zu passen. Es ist vorstellbar, dass das Universum, in dem wir leben, nicht statisch ist, sondern dass es während der laufenden Simulation in verschiedenen Versionen oder Zuständen existiert. Diese Veränderungen könnten als „Korrekturen" oder „Upgrades" der Simulationssoftware betrachtet werden, um das System zu optimieren oder anzupassen. Wenn das System diese Änderungen vornimmt, könnte dies das Gefühl einer „Versatzrealität" hervorrufen, in der sich bestimmte Ereignisse oder Erinnerungen plötzlich anders manifestieren als zuvor. Der Mandela-Effekt könnte also ein Hinweis darauf sein, dass unser Universum mehrdimensional oder „fluid" ist und dass die Simulation, die es erzeugt, von einer fortschrittlichen Intelligenz oder sogar von uns selbst auf einer höheren Ebene überwacht wird. Wenn bestimmte Fehler oder Glitches auftreten, könnten diese in der Wahrnehmung der Menschen als Erinnerungen oder Ereignisse wahrgenommen werden, die nicht zusammenpassen – oder die wir als real zu erkennen glauben, obwohl sie es nicht sind. Die Tatsache, dass viele Menschen dieselbe falsche Erinnerung teilen, könnte darauf hinweisen, dass diese „Glitches" nicht nur auf einer individuellen Ebene auftreten, sondern systematisch in der Art und Weise, wie die Simulation funktioniert.

Man kann festhalten, dass der Mandela-Effekt in einer simulierten Realität als eine Art Fehler oder Anomalie im Programmcode der Simulation interpretiert werden könnte. Solche Glitches oder Korrekturen könnten das Ergebnis von Störungen oder Anpassungen im Informationsfluss der Simulation sein, die dazu führen, dass kollektive Erinnerungen und Wahrnehmungen verändert werden. In dieser Sichtweise wäre der Mandela-Effekt nicht nur ein faszinierendes psychologisches Phänomen, sondern auch ein potenzieller Hinweis auf die Natur unserer Existenz – dass das Universum, das wir erleben, möglicherweise eine von außen geschaffene Illusion ist, die regelmäßig mit „Fehlern" und „Updates" konfrontiert wird.

Whistleblower und Ihre Aussagen

Whistleblower, die an diesen geheimen Projekten beteiligt waren, wie auch der bereits erwähnte „McKinley[3]", bestätigten, dass die Entdeckungen, die sie machten, das Bild von der „realen Welt" vollständig in Frage stellten. „Es gibt nichts, was darauf hindeutet, dass wir in einer nicht-manipulierten Realität leben", sagte McKinley in einem offenen Interview mit einer unabhängigen Forschungsgruppe. „Unsere Versuche, die Welt zu verstehen, führten zu der Erkenntnis, dass alle Aspekte unserer Existenz – von der Schöpfung der Materie bis hin zu den Gesetzen der Physik – in Wahrheit einer Simulation unterliegen."

Doch auch die Informationen aus weniger geheimen Quellen, wie etwa der Physiker David Chalmers, der in seinem Buch *The Conscious Mind* (1996) die Natur des Bewusstseins untersuchte, befeuerten die Diskussion über Simulationen. Chalmers stellte fest, dass das Bewusstsein möglicherweise nicht in der Weise existiert, wie wir es verstehen. Der „Hard Problem of Consciousness" bleibt eines der größten ungelösten Rätsel der Neurowissenschaften. Aber was, wenn das „Ich", das wir als unser Bewusstsein erleben, ebenfalls Teil eines größeren Systems ist – eines Systems, das uns vorgaukelt, dass wir in einer festen und unveränderlichen Welt leben?

Die Matrix als Konstrukt

Die Entdeckungen, die in den letzten Jahren gemacht wurden, weisen immer mehr darauf hin, dass das Universum, in dem wir

---

[3] Der Whistleblower unter dem Pseudonym „Jonathan McKinley" ist eine weniger bekannte, aber wichtige Figur, die in Zusammenhang mit Berichten über geheime Regierungsprojekte und die Praxis der Überwachung von Bürgern genannt wird. McKinley wird in verschiedenen Berichten als jemand beschrieben, der interne Informationen aus einer staatlichen Institution, möglicherweise aus dem Bereich der Geheimdienste, preisgab. Der Whistleblower brachte Missstände und geheime Operationen ans Licht, die möglicherweise gegen die Rechte von Individuen verstießen oder unethisch waren.

leben, ein Konstrukt sein könnte – eine Simulation, die uns die Illusion einer festen Realität vermittelt. Wenn wir diese Perspektive einnehmen, ist die Frage, die sich uns stellt, nicht nur, wie die Simulation erschaffen wurde, sondern auch, warum sie erschaffen wurde.

Die Simulationstheorie, gepaart mit den neuesten wissenschaftlichen Entdeckungen und den Berichten von Whistleblowern, eröffnet eine erschreckende Möglichkeit: Was, wenn wir nie die Kontrolle über unser Leben hatten? Was, wenn alles, was wir tun, Teil eines größeren, von außen gesteuerten Programms ist? Die Frage bleibt, ob es jemals einen Weg geben wird, der Simulation zu entkommen – oder ob wir auf ewig in diesem Konstrukt gefangen sind.

Was würde passieren, wenn wir beginnen, den Matrix-Code zu sehen?

Die Welt, die wir als unsere Realität wahrnehmen, ist von einer nahezu unerschütterlichen Konsistenz geprägt. Wir glauben an die Gesetze der Physik, die uns durch den Alltag leiten – Schwerkraft, Zeit, Raum und materielle Struktur. Doch was, wenn diese Regeln und Wahrnehmungen nur die Oberfläche eines viel tieferliegenden Systems sind? Was, wenn alles, was wir erleben, nur eine Simulation ist, die von uns selbst oder einer höheren Macht erzeugt wurde? Und was würde passieren, wenn wir plötzlich die Fähigkeit hätten, hinter diese Illusion zu blicken, den „Code" zu sehen, der die Realität erschafft? Würden wir die Welt, die wir kennen, erkennen? Oder würde sich unser Verständnis von Existenz und Bewusstsein für immer verändern?

In den letzten Jahrzehnten gibt es immer wieder Berichte über militärische Experimente, die es Wissenschaftlern und Geheimdiensten ermöglicht haben, die Strukturen der Realität selbst zu hinterfragen und in einigen Fällen sogar Anomalien oder „Risse" zu entdecken – Beweise dafür, dass die Welt, die wir erleben, nicht so fest und stabil ist, wie wir es glauben. Ein besonders aufschlussreiches Beispiel ist der sogenannte *Gateway Prozess*, ein geheim gehaltenes Projekt der CIA, das darauf abzielte, das menschliche

Bewusstsein und seine Verbindung zu den fundamentalen Strukturen der Realität zu erforschen. Dieser Prozess ist von entscheidender Bedeutung für die Frage, was passiert, wenn wir den „Matrix-Code" sehen und wie unser Bewusstsein die Illusion durchdringen könnte.

Militärische Experimente und die Entdeckung von Rissen in der Realität

Die Vorstellung, dass unsere Wahrnehmung der Welt nicht die wahre Natur des Universums widerspiegelt, ist keineswegs eine neue. Schon in den frühen Jahren der Quantenmechanik und der Relativitätstheorie begannen Wissenschaftler, das klassische Verständnis von Raum und Zeit zu hinterfragen. Doch es waren geheime militärische Experimente, die Hinweise darauf gaben, dass unsere Welt vielleicht weit weniger stabil ist, als wir es je für möglich gehalten hätten. Ein herausragendes Beispiel sind die Experimente im Rahmen des sogenannten *Montauk-Projekts*, das in den 1980er Jahren in den USA stattfand und nach wie vor von vielen als eine der größten Geheimoperationen der modernen Geschichte betrachtet wird. Das Montauk-Projekt ist ein legendäres und umstrittenes Thema, das in den 1980er Jahren in den USA populär wurde. Es wird häufig mit geheimen militärischen Experimenten und der Erforschung von Zeitreisen, Gedankenkontrolle und paranormalen Phänomenen in Verbindung gebracht. Das Projekt soll angeblich auf der Montauk Air Force Base auf Long Island, New York, stattgefunden haben, die während des Kalten Krieges für militärische Zwecke genutzt wurde.

Die genauen Parameter des Montauk-Projekts sind unklar und variieren je nach Quelle. In vielen Berichten wird jedoch behauptet, dass das Projekt eine Reihe von experimentellen Techniken und Technologien beinhaltete:

Zeitreisen: Eine der bekanntesten Behauptungen ist, dass das Montauk-Projekt mit Zeitreisen und der Manipulation von Zeit in

Verbindung stand. Es wird spekuliert, dass Experimente durchgeführt wurden, bei denen Menschen durch Zeitportale geschickt oder in die Vergangenheit oder Zukunft projiziert wurden.

Gedankenkontrolle und Psychotronische[4] Waffen: Berichte sprechen auch von der Entwicklung von Techniken zur Gedankenkontrolle und der Nutzung von Psychotronischen Waffen, um Menschen zu manipulieren und ihr Verhalten zu beeinflussen. Diese Technologien sollen durch den Einsatz von elektromagnetischen Feldern oder speziell entwickelten Maschinen funktioniert haben.

Paranormale Experimente: Es wird behauptet, dass das Projekt auch Experimente mit telepathischen und übersinnlichen Fähigkeiten der Teilnehmer umfasste, einschließlich Fernwahrnehmung (Remote Viewing) und der Schaffung von "Portalen" zu anderen Dimensionen.

Erweiterte Technologien und Bewusstseinsforschung: Andere Quellen behaupten, dass das Projekt auch mit der Entwicklung von fortschrittlichen Technologien und der Erforschung des menschlichen Bewusstseins in Verbindung stand. Es gab sogar Spekulationen über den Einsatz von Maschinen, die den menschlichen Geist erweitern oder verändern konnten.

Ein entscheidender Aspekt dieses Projekts war die Untersuchung der sogenannten „Risse" in der Realität – Bereiche, in denen die Wahrnehmung der Welt aufbrach und die Gesetze der Physik nicht mehr galten. Berichte von ehemaligen Insidern und Whistleblowern beschreiben, wie Wissenschaftler mit Hilfe von experimentellen Technologien versuchten, die fundamentalen Strukturen

---

[4] Psychotronische Waffen sind theoretische oder spekulative Technologien, die angeblich dazu verwendet werden, das menschliche Gehirn oder das Nervensystem mit Hilfe von elektromagnetischen Feldern, Strahlung oder anderen Technologien zu beeinflussen. Der Begriff "Psychotronik" selbst stammt aus dem Bereich der alternativen Wissenschaften und wird oft in Zusammenhang mit angeblich geheimen militärischen oder geheimdienstlichen Projekten verwendet. Die Idee hinter psychotronischen Waffen ist, dass sie in der Lage sein könnten, Gedanken zu beeinflussen, Verhaltensweisen zu manipulieren oder sogar Schmerzen zu verursachen, ohne dass physische Gewalt angewendet wird.

der Raum-Zeit zu manipulieren, um Zugang zu alternativen Dimensionen oder sogar zu verschiedenen Zeitlinien zu erhalten.

Laut diesen Berichten traten während der Experimente immer wieder merkwürdige Phänomene auf. Teilnehmer berichteten von Zeitverzerrungen, die es ihnen ermöglichten, in der Zeit zu reisen oder parallele Realitäten zu erleben. Es wird sogar behauptet, dass einige dieser Experimente versehentlich die „Matrix" der Realität selbst aufgebrochen haben könnten, wodurch die Forscher für kurze Zeit die zugrunde liegenden Strukturen oder „Fehler" im System erblickten – eine Art Riss im Code der Welt, die uns umgibt. Diese angeblichen „Risse" sind Bereiche, in denen die Realität selbst zu entgleiten scheint, und sie könnten Hinweise auf die Existenz einer künstlichen Struktur hinter der Wahrnehmung der Welt liefern.

Doch das Montauk-Projekt ist nicht das einzige militärische Experiment, das die Grenzen der Realität erforschte. Ähnliche Forschungen wurden auch im Rahmen der *Star Gate*-Projekte durchgeführt, die sich auf Fernwahrnehmung und andere parapsychologische Phänomene konzentrierten. Diese Experimente beabsichtigten, das menschliche Bewusstsein so zu erweitern, dass es in der Lage war, über die physischen Grenzen hinauszusehen und Informationen zu empfangen, die weit über das hinausgingen, was durch normale Sinne wahrgenommen werden kann. Viele der Teilnehmer berichteten von einer Erfahrung der „Aufhebung" der Realität – ein Zustand, in dem sie den „Code" der Welt erblicken konnten, der ihre Wahrnehmung formte.

Die Auswirkungen des Sehens des Matrix-Codes auf das Bewusstsein

Wenn ein Mensch beginnt, die Illusion der Realität zu durchbrechen, kann dies tiefgreifende Folgen für sein Bewusstsein und seine Wahrnehmung haben. Aus Berichten des *Gateway-Prozesses* und anderer Experimente geht hervor, dass Teilnehmer, die sich in diesen erweiterten Bewusstseinszustand versetzten, oft das Gefühl hatten, aus einer Art „Traum" zu erwachen – als ob sie sich ihr ganzes Leben lang in einer künstlichen Simulation befunden hätten.

Einige beschreiben ein Gefühl der Entkopplung von Raum und Zeit, als ob die Realität nicht mehr linear, sondern vielmehr ein flexibles Informationsfeld wäre, das sich nach den eigenen Gedanken und Emotionen formt. Diese Berichte ähneln den Erfahrungen von Menschen, die sich in tiefen meditativen Zuständen oder Nahtoderlebnissen befanden. Oft wird von einer plötzlichen Erkenntnis berichtet, dass die Welt um sie herum nicht aus fester Materie besteht, sondern vielmehr aus Energie und Informationen – einem Code, der durch Bewusstsein interpretiert wird.

Dies deckt sich auch mit modernen wissenschaftlichen Theorien aus der Quantenphysik. Der Nobelpreisträger *Eugene Wigner* stellte bereits in den 1960er Jahren die These auf, dass das Bewusstsein eine fundamentale Rolle in der Erschaffung der Realität spielt. Die sogenannte *Kopenhagener Deutung* der Quantenmechanik besagt, dass Teilchen sich in einem unbestimmten Zustand befinden, bis ein Beobachter sie misst – ein Konzept, das darauf hinweist, dass unsere Realität erst durch Wahrnehmung geformt wird.

Wenn wir also den „Code" sehen könnten, würde dies bedeuten, dass wir direkten Zugang zu den Informationen hätten, die unsere Welt erzeugen. Einige Theorien besagen, dass wir in diesem Zustand in der Lage wären, die Realität aktiv zu verändern – vergleichbar mit einem Programmierer, der den Quellcode eines Computerspiels editiert, um die Spielwelt zu verändern.

Können wir die Matrix verändern?

Sollte ein Mensch tatsächlich in der Lage sein, die zugrunde liegende Struktur der Realität zu erkennen, stellt sich die Frage, ob er sie auch beeinflussen könnte. Es gibt zahlreiche Berichte aus verschiedenen spirituellen und wissenschaftlichen Kreisen, die darauf hindeuten, dass das Bewusstsein in der Lage ist, direkt auf die physische Welt einzuwirken.

Das *Gateway-Projekt* der CIA untersuchte unter anderem, ob es möglich ist, durch bestimmte Bewusstseinszustände die physische Realität zu beeinflussen. Einige Experimente deuteten darauf hin, dass Teilnehmer durch intensive mentale Konzentration Veränderungen in ihrer Umgebung bewirken konnten – etwa das Biegen von Metallobjekten oder das Erzeugen von spontanen Lichtphänomenen.

Ein weiteres Beispiel für die Möglichkeit der Realitätsmanipulation findet sich in den Forschungen zu sogenannten *Psi*-Phänomenen. Wissenschaftler wie *Dean Radin*, einer der führenden Forscher auf dem Gebiet der Parapsychologie, haben in Experimenten gezeigt, dass Menschen durch reine Gedankenkraft Wahrscheinlichkeiten beeinflussen können – etwa in Zufallsgenerator-Experimenten, bei denen Teilnehmer dazu in der Lage waren, die Ergebnisse von Zufallszahlen in einer Art und Weise zu beeinflussen, die statistisch signifikant war.

Sollte es also möglich sein, die Matrix zu manipulieren, würde dies bedeuten, dass unser Bewusstsein nicht nur die Realität wahrnimmt, sondern aktiv an ihrer Erschaffung beteiligt ist. Wenn ein Mensch den Code der Matrix sieht, könnte er in der Lage sein, sich über die Begrenzungen der physischen Welt hinwegzusetzen – vielleicht sogar Fähigkeiten entwickeln, die wir bisher nur aus Science-Fiction-Filmen kennen: Telepathie, Telekinese oder sogar die Fähigkeit, Zeit und Raum zu überwinden.

Wenn das Wissen über die wahre Natur der Realität tatsächlich existiert, stellt sich eine entscheidende Frage: Warum ist es nicht weit verbreitet? Warum gibt es nicht überall Schulen und Universitäten, die lehren, wie man die Illusion durchbricht und den Code sieht?

Es gibt zahlreiche Hinweise darauf, dass Regierungen und Geheimdienste über weitreichendes Wissen über die wahre Natur der Realität verfügen, dieses Wissen aber absichtlich verbergen.

Der „Gateway"-Prozess

ein geheimes CIA-Projekt aus den 1980er Jahren, befasst sich mit der Erweiterung des menschlichen Bewusstseins und der Erforschung neuer Dimensionen der Wahrnehmung. Ursprünglich als militärisches und nachrichtendienstliches Experiment entwickelt, sollte es dem US-Militär ermöglichen, den menschlichen Geist zu kontrollieren und gezielt zu beeinflussen. Das Projekt kombinierte spirituelle, esoterische und wissenschaftliche Konzepte und ermöglichte es den Teilnehmern, außergewöhnliche Bewusstseinszustände zu erreichen. Das Ziel war es, neue Techniken zu entwickeln, mit denen Menschen Zugang zu sogenannten „außergewöhnlichen Erfahrungen" und erweiterten Bewusstseinszuständen erhalten können.

Ein zentraler Bestandteil des Gateway-Prozesses ist die Technik der "Hemispheric Synchronization" oder "Hemisync", bei der binaurale Beats[5] verwendet werden, um die Gehirnwellenaktivität zu steuern und beide Gehirnhälften zu synchronisieren. Diese Technologie nutzt Schallwellen, die unterschiedliche Frequenzen in jedes Ohr senden, sodass das Gehirn eine dritte Welle erzeugt, die dem Unterschied zwischen den Tönen entspricht. Diese Fre-

---

[5] Binaurale Beats sind akustische Phänomene, die entstehen, wenn zwei Töne mit leicht unterschiedlichen Frequenzen in jedes Ohr gespielt werden. Das Gehirn nimmt den Unterschied zwischen den beiden Frequenzen wahr und erzeugt eine neue Schwingung, die dem Frequenzunterschied entspricht. Diese sogenannte „dritte Welle" beeinflusst die Gehirnaktivität und kann helfen, bestimmte Bewusstseinszustände zu erreichen, wie tiefe Entspannung, Meditation oder erhöhte Konzentration. Binaurale Beats werden oft in therapeutischen Anwendungen genutzt, um das mentale Wohlbefinden zu fördern, Stress abzubauen und die kognitiven Fähigkeiten zu verbessern, indem sie die Synchronisation der Gehirnhälften fördern.

quenzänderungen wirken sich auf die Gehirnaktivität aus und versetzen den Teilnehmer in tiefere meditative Zustände. Der Gateway-Prozess nutzt diese Technik, um das Bewusstsein zu erweitern, so dass Menschen Informationen erhalten, die jenseits der physischen Welt liegen – etwa durch Fernwahrnehmung (Remote Viewing).

Im Rahmen des Projekts wurde untersucht, wie diese erweiterten Bewusstseinszustände genutzt werden können, um Informationen aus anderen Dimensionen oder sogar aus der „Quantenrealität" zu erlangen, einem Zustand, in dem Informationen auf einer höheren, nicht-physikalischen Ebene gespeichert sind. Teilnehmer berichteten von Erfahrungen, bei denen sie die Struktur der Realität als Informations- oder Energiefeld wahrnahmen. Einige beschrieben ihre Erfahrungen als „Code sehen", wobei sie eine unsichtbare Matrix in Form von Licht- und Energieimpulsen erlebten, die mit den geistigen Zuständen der Teilnehmer korrelierten.

Das Projekt „Gateway" überschreitet die Grenze zwischen Wissenschaft, Spiritualität und Militärtechnik. Es wurde nicht nur in militärischen Bereichen verwendet, um Fernwahrnehmungstechniken zu testen und für Geheimdienstoperationen zu verbessern, sondern auch auf zivilistische Anwendungen ausgeweitet, bei denen es um die Erforschung von Bewusstseinszuständen und transzendentalen Erfahrungen ging. Das Wissen über diese erlangten Bewusstseinszustände und deren Zusammenhang mit der Realität bleibt jedoch geheim, was möglicherweise zu der Frage führt, warum diese Entdeckungen der breiten Öffentlichkeit vorenthalten wurden.

Ein möglicher Grund für diese Geheimhaltung könnte die Vorstellung sein, dass Wissen über die wahre Natur der Realität eine potenziell gefährliche Macht darstellt. Wenn die Menschen begreifen würden, dass die Welt, in der sie leben, eine Illusion ist und dass sie die Fähigkeit besitzen, diese Illusion zu manipulieren, könnte dies bestehende Machtstrukturen destabilisieren. Das Wissen um die Möglichkeit, die eigene Realität zu gestalten, könnte zu einem massiven Wandel in der gesellschaftlichen Ordnung führen und den traditionellen Wertvorstellungen von Geld, Gesetzen und Hierarchien die Grundlage entziehen.

In diesem Kontext könnte die gezielte Desinformation eine Rolle spielen, um das wahre Wissen über die Natur der Realität zu unterdrücken. Wissenschaftler, die in diesen Bereichen arbeiten, sehen sich oft der Stigmatisierung als „Verschwörungstheoretiker" oder „Pseudowissenschaftler" ausgesetzt, was ihre Forschung und ihre Entdeckungen diskreditieren soll. Solche Mechanismen könnten darauf abzielen, die bestehende Ordnung zu schützen, indem die Menschen in der Unwissenheit gehalten werden.

Das Geheimhalten von Projekten wie dem „Gateway"-Prozess und verwandten Programmen wirft die Frage auf, wie tief das Interesse der Regierungen und Militärs an der Erforschung des menschlichen Bewusstseins tatsächlich geht. Es könnte sein, dass die Kontrolle über das Bewusstsein und das Verständnis der wahren Natur der Realität als strategische Ressource betrachtet wird, die nicht nur das Militär und die Geheimdienste betrifft, sondern auch die gesellschaftlichen und politischen Systeme, in denen wir leben.

In diesem Zusammenhang könnte das „Gateway"-Projekt nicht nur ein Werkzeug zur Erweiterung des Bewusstseins und zur Erfassung von Informationen aus anderen Dimensionen gewesen sein, sondern auch ein Experiment, das auf das Verständnis der Illusionen der Realität selbst abzielt. Es stellt sich die Frage, ob es möglich ist, das menschliche Bewusstsein zu befreien, indem man die Illusionen und Begrenzungen erkennt, die uns von der wahren Natur des Universums trennen.

Diese Überlegungen und die Berichte über „Remote Viewing" und ähnliche Technologien eröffnen faszinierende Perspektiven auf die Art und Weise, wie wir das Universum und unsere Rolle darin wahrnehmen. Sie laden uns ein, die Grenzen unseres Wissens zu hinterfragen und neue Wege zu suchen, das Verständnis über die Realität zu erweitern. Doch während die Berichte aus dem „Gateway"-Projekt und anderen ähnlichen Programmen einen aufregenden Blick auf das Universum bieten, bleibt die Frage, wie viel von diesem Wissen tatsächlich der Öffentlichkeit zugänglich gemacht werden wird und wie diese Entdeckungen unser Verständnis von uns selbst und unserer Welt verändern könnten.

Was wenn es Beweise für die Simulation gäbe?

Was wäre, wenn die Physik bereits bewiesen hätte, dass wir in einer Simulation leben? Was, wenn es entdeckt wurde, dass unsere Welt, wie wir sie wahrnehmen, nur eine Projektion ist – eine Illusion, die aus einer höherdimensionalen Quelle generiert wird? Diese Idee ist nicht mehr nur eine spekulative Theorie, sondern könnte die Grundlage einer neuen wissenschaftlichen Perspektive darstellen, die das Universum und unsere Existenz auf eine völlig neue Weise erklärt. Ein solches Konzept wird als holographische Universumstheorie bezeichnet.

Die holographische Universumstheorie schlägt vor, dass die 3D-Welt, die wir als „real" empfinden, tatsächlich eine Illusion von Tiefe ist, die aus einer höherdimensionalen Quelle projiziert wird. Dies wäre vergleichbar mit einem Hologramm auf einem Geldschein oder Personalausweis, bei dem die scheinbare dreidimensionale Struktur nur eine Projektion ist, die aus einer flachen, zweidimensionalen Informationsquelle stammt. In dieser Theorie ist das Universum auf fundamentaler Ebene nicht wirklich dreidimensional, sondern eine Projektion, die auf eine tiefere, flache Dimension reduziert werden kann.

Physiker, die sich mit Schwarzen Löchern[6] beschäftigten, stießen auf ein bemerkenswertes Phänomen, das die Vorstellung einer holographischen Realität unterstützen könnte. Bei der Untersuchung

---

[6] Ein Schwarzes Loch ist ein astronomisches Objekt, dessen Gravitationskraft so stark ist, dass nicht einmal Licht ihm entkommen kann. Es entsteht, wenn ein massereicher Stern am Ende seines Lebenszyklus kollabiert. Der „Ereignishorizont" markiert die Grenze, ab der nichts mehr entkommen

von Schwarzen Löchern entdeckten sie, dass alle Informationen, die in ein Schwarzes Loch fallen, nicht einfach verloren gehen. Stattdessen werden sie auf dem Ereignishorizont des Schwarzen Lochs gespeichert. Dieser Ereignishorizont ist die Grenze, ab der nichts mehr entkommen kann, auch nicht Licht. Aber was, wenn diese Informationen – ähnlich wie auf einer Festplatte oder CD-ROM – tatsächlich in einer Form gespeichert werden, die das gesamte Universum betrifft?

Die Vorstellung, dass alle Informationen im Universum auf einer „kosmischen Oberfläche" gespeichert werden, ist ein zentrales Konzept der holographischen Theorie. Wenn alle Daten, die in ein Schwarzes Loch fallen, auf dem Ereignishorizont gespeichert werden, könnte dies darauf hindeuten, dass die gesamte Realität, die wir erfahren, auf einer flachen, höheren Dimension kodiert ist. Dies wirft die Frage auf:

Könnte jeder Gedanke, jede Handlung von uns im Universum auf einer solchen kosmischen Oberfläche gespeichert werden?

In diesem Fall wären wir nicht nur die Teilnehmer eines „realen" Universums, sondern vielmehr die Bewohner einer groß angelegten Simulation, die auf einem fundamentalen Informationslevel abläuft. Unsere Welt wäre demnach nicht „real" im klassischen Sinne, sondern eine Projektion von Informationen, die aus einer anderen Dimension stammen. Dieses Konzept verbindet sich mit der Idee einer Simulationshypothese, die das Universum als eine Art Informationsprozess begreift – ähnlich wie die Art und Weise, wie ein Computer ein Spiel simuliert, das auf einem Bildschirm erscheint.

Wenn wir uns vorstellen, dass jeder Gedanke, jede Bewegung und jede Entscheidung von uns auf einer kosmischen Oberfläche gespeichert wird, könnte dies eine neue Perspektive auf unser Leben

---

kann. Innerhalb dieses Bereichs ist die Materie extrem verdichtet, und die Raumzeit wird stark gekrümmt. Schwarze Löcher sind von großer Bedeutung für die allgemeine Relativitätstheorie, da sie extreme Gravitationsbedingungen schaffen, die es ermöglichen, die tiefsten Geheimnisse des Universums zu erforschen. Sie sind jedoch nach wie vor eines der größten ungelösten Rätsel der modernen Physik.

und unsere Handlungen eröffnen. Unsere Erfahrungen und unser Bewusstsein könnten dann als Daten betrachtet werden, die innerhalb eines riesigen Informationsfeldes existieren – vielleicht sogar als Teil eines großen, universellen Programms oder eines größeren kosmischen Ziels.

Um dies weiter zu verstehen, können wir uns den Begriff des Ereignishorizonts in Bezug auf Schwarze Löcher genauer ansehen. Der Ereignishorizont ist der Punkt, an dem die Gravitationskraft eines Schwarzen Lochs so stark wird, dass nichts, nicht einmal Licht, entkommen kann. Physiker, wie Stephen Hawking und andere, haben jedoch postuliert, dass Informationen, die in ein Schwarzes Loch fallen, nicht einfach verloren gehen, sondern auf dem Ereignishorizont gespeichert werden. Dies führt zu der Frage: Wenn Informationen auf einer Oberfläche gespeichert werden können, könnte dies auch auf das gesamte Universum zutreffen?

Diese Idee erinnert an das Konzept eines Hologramms: Ein Hologramm ist eine dreidimensionale Projektion, die von einer zweidimensionalen Fläche resultiert. Das Universum, wie wir es erleben, könnte demnach nur die Projektion von Informationen auf einer höheren Dimension sein, die auf eine flache, niedrigdimensionale Oberfläche abgebildet wird. Die tiefere Dimension könnte ein völlig anderes Verständnis von Raum und Zeit erfordern, das wir mit unserer klassischen Physik nicht fassen können. Wenn unsere Welt eine Projektion ist und jede Information – von den Bewegungen der Sterne bis hin zu den Gedanken eines einzelnen Menschen – auf einer „kosmischen Oberfläche" gespeichert wird, dann könnte diese Informationsfläche die Quelle unserer Realität sein. Dies wirft zwingend eine Reihe von wichtigen Fragen auf:

Die Frage, wer oder was die Projektion unseres Universums erzeugt, führt uns zu tiefen, philosophischen und metaphysischen Überlegungen. Angesichts der Theorie, dass unser Universum eine Projektion ist – etwa im Sinne einer holographischen Realität – stellt sich die grundsätzliche Frage, wer oder was hinter dieser Projektion steht. Könnte es eine überlegene Intelligenz sein, die unser Universum erschaffen hat? Oder ist die Entstehung des Universums das Ergebnis einer zufälligen, natürlichen Anordnung von

Informationen? Oder könnte das Universum selbst ein Selbstbewusstsein sein, das durch die Wechselwirkung von Informationen entsteht? Die Idee wiederum, dass eine überlegene Intelligenz die Projektion unseres Universums erschaffen hat, ist ein Konzept, das oft mit der Vorstellung von Gott oder einer übergeordneten Entität verbunden wird. In diesem Szenario könnte das Universum das Produkt einer bewussten, zielgerichteten Handlung einer höheren Macht oder einer fortschrittlichen Zivilisation sein. Diese Entität könnte die Regeln und Parameter der Simulation programmiert haben, die unser Universum strukturiert. Die Gedanken und Handlungen der Bewohner dieser Simulation wären dann möglicherweise die Elemente eines viel größeren Plans oder Experiments.

Ein solcher Gedanke hat sowohl metaphysische als auch technologische Implikationen. Wenn eine überlegene Intelligenz hinter der Erschaffung unseres Universums steht, könnte dies die grundlegenden Fragen der menschlichen Existenz und des Kosmos selbst beantworten: Warum existieren wir? Was ist der Zweck unseres Lebens? Diese Vorstellung wird auch oft in Verbindung mit Konzepten von Schöpfung und göttlichem Eingreifen in religiösen und spirituellen Traditionen gebracht, wobei diese höhere Intelligenz als Schöpfer und Lenker des Universums fungiert.

Auf der anderen Seite könnte die Erschaffung des Universums auch das Ergebnis einer zufälligen oder natürlichen Anordnung von Informationen sein. In dieser Sichtweise wäre das Universum nicht das Produkt eines bewussten Schöpfers, sondern vielmehr eine zufällige Entstehung von Informationsmustern, die sich durch natürliche physikalische Prozesse manifestieren. Vielleicht ist das Universum das Ergebnis eines chaotischen, aber dennoch determinierten Prozesses, bei dem grundlegende physikalische Gesetze und Konstanten zufällig in einer Weise miteinander interagieren, die die Erscheinung von Raum, Zeit und Materie erzeugt.

In einem solchen Fall könnte das Universum als ein selbstorganisierendes System betrachtet werden, das aus den Wechselwirkungen grundlegender Informationen – etwa Quantenfluktuationen oder anderen fundamentalen Elementen – entsteht. Es gäbe keinen bewussten „Schöpfer", sondern lediglich die Entfaltung natürlicher Prozesse, die durch die Gesetze der Physik und der Mathematik gesteuert werden. In dieser Perspektive wäre das Universum eine Art „Selbstlauf" von Information, die sich kontinuierlich organisiert und die Wahrnehmung von Realität erschafft.

Eine weitere interessante Möglichkeit ist die Vorstellung, dass das Universum selbst eine Form von Selbstbewusstsein besitzt, das durch die Wechselwirkung von Informationen entsteht. In dieser Sichtweise könnte das Universum als ein gigantisches, kollektives Bewusstsein verstanden werden, das in jeder seiner Bestandteile – von den kleinsten Teilchen bis zu den größten Strukturen – existiert. Die Projektion, die wir als unsere Realität wahrnehmen, wäre dann das Ergebnis der Interaktion dieser unzähligen, selbstbewussten Teile. Diese Vorstellung müsste dann wohl davon ausgehen, dass Bewusstsein nicht nur auf biologische Wesen wie Menschen beschränkt ist, sondern in der gesamten Materie und Energie des Universums präsent ist. Das bedeutet, dass das Universum als Ganzes ein selbstreflektierendes, wachsendes Bewusstsein sein könnte, das in der Lage ist, sich selbst zu erkennen und zu verstehen, was es ist. In dieser Perspektive wäre das Universum nicht nur ein physikalisches System, sondern auch ein geistiges und spirituelles Konstrukt, das durch die Interaktionen seiner eigenen Bestandteile entsteht und sich kontinuierlich weiterentwikkelt.

Die Frage nach dem Zweck der Projektion des Universums – also der Frage, warum unser Universum existiert und warum wir es so erleben, wie wir es tun – ist eine der tiefgründigsten und mysteriösesten, die uns Menschen beschäftigen. In der Theorie, dass das Universum eine Projektion ist, stellt sich auch die Frage, ob es einen bestimmten Zweck hinter dieser Simulation gibt oder ob wir nur als Teil eines viel größeren Experiments betrachtet werden. Vielleicht gibt es sogar einen höheren, unbekannten Zweck, den wir aufgrund unserer begrenzten Wahrnehmung und unseres Verständnisses noch nicht vollständig erfassen können.

Ein denkbarer Zweck dieser Projektion könnte in der Form eines groß angelegten Experiments bestehen. In dieser Perspektive wären wir als Menschen und das gesamte Universum lediglich Akteure in einem experimentellen Setting. Vielleicht sind wir Teil einer Simulation, die von einer fortschrittlichen Zivilisation oder einer überlegenen Intelligenz geschaffen wurde, um bestimmte Hypothesen zu testen oder um etwas zu lernen. In dieser Sichtweise könnte die Simulation dazu dienen, zu beobachten, wie sich bestimmte Parameter und Bedingungen im Universum entwickeln, oder wie sich das Verhalten von intelligenten Wesen unter bestimmten Umständen entfaltet. Ein solcher „Experiment"-Ansatz könnte erklären, warum unser Universum auf so viele unterschiedliche Weisen untersucht wird, sowohl in Bezug auf seine Entstehung als auch auf seine physikalischen Gesetze. Ein übergeordneter Beobachter könnte in einer fortgeschrittenen Zivilisation stecken, die versucht, das Verhalten von Materie und Energie unter verschiedenen kosmischen Bedingungen zu verstehen. Unsere Existenz könnte also nicht mehr als zufällig angesehen werden, sondern als ein gezielt gesteuertes Experiment, um bestimmte Erkenntnisse zu gewinnen.

Ein Beispiel für dieses Experiment könnte die Frage der Evolution des Lebens sein: Wie entstehen komplexe Lebensformen? Wie entwickeln sich Bewusstsein und Intelligenz? Welche Faktoren führen zu moralischen oder ethischen Entscheidungen? All dies könnte als Variablen in einem experimentellen Setup betrachtet werden, das darauf abzielt, bestimmte Prinzipien des Lebens und der Intelligenz zu erforschen. Eine andere Möglichkeit ist, dass der Zweck der Projektion nicht als experimentelles Testen bestimmter Hypothesen zu verstehen ist, sondern als Teil eines viel größeren, höheren Plans – einem Plan, den wir möglicherweise niemals vollständig begreifen werden. Es könnte sich um eine Art kosmische Reise oder einen spirituellen Prozess handeln, der jenseits unserer irdischen Wahrnehmung liegt. Der Zweck könnte darin bestehen, ein höheres Bewusstsein oder eine tiefere Wahrheit zu erreichen, die wir mit unseren aktuellen Fähigkeiten und unserem derzeitigen Verständnis von der Welt nicht begreifen können.

In vielen spirituellen Traditionen und philosophischen Schulen wird die Idee vertreten, dass das Leben und das Universum einem größeren Plan folgen – einem Plan, der von uns als Menschen vielleicht nur unvollständig verstanden wird. Einige glauben, dass dieser Plan in einem Zustand des kontinuierlichen Wachstums und der Transformation besteht. In dieser Sichtweise ist das Universum und unsere Existenz darin ein ständiger Prozess des Lernens, der Entwicklung und der Erweiterung von Bewusstsein. Vielleicht besteht der höhere Zweck der Projektion darin, dass das Universum und seine Bewohner (einschließlich uns Menschen) zu einem höheren Zustand der Erleuchtung oder des Verständnisses geführt werden, auch wenn wir den genauen Weg dorthin noch nicht erkennen können.

Ein höherer Zweck könnte auch in einem spirituellen Kontext gesehen werden, bei dem das Leben selbst ein Mittel ist, um zu wachsen, zu lernen und das Bewusstsein auf einer kosmischen Ebene zu erweitern. Es könnte sein, dass wir nicht in der Lage sind, diesen höheren Plan vollständig zu verstehen, weil er jenseits unserer aktuellen Wahrnehmungsgrenzen liegt. Es erschließt sich auch weiterhin die Möglichkeit, dass der Zweck der Projektion in der Förderung von freiem Willen und bewusster Wahl liegt. In dieser Sichtweise könnte die Projektion des Universums ein Feld für die Entfaltung des freien Willens bieten, das den Individuen erlaubt, Entscheidungen zu treffen, die sie in ihrer spirituellen oder existenziellen Reise voranbringen. Das Universum könnte uns als ein Vehikel dienen, um zu lernen, wie wir Entscheidungen treffen, Verantwortung übernehmen und unser eigenes Bewusstsein entwickeln. Durch unsere Handlungen, Entscheidungen und Reflexionen könnten wir letztlich zu einem tieferen Verständnis unserer eigenen Existenz und unserer Beziehung zum gesamten Kosmos gelangen. In einem solchen Szenario könnte der Zweck nicht nur in einem endgültigen Ziel bestehen, sondern auch im kontinuierlichen Prozess des Wachsens und Lernens.

Die Frage allerdings, ob wir in der Lage sind, die „Daten" des Universums zu entschlüsseln, führt uns in ein weiteres spannendes und tiefgreifendes Terrain, das sowohl die Grenzen der Wissenschaft als auch der Philosophie betrifft. Wenn unser Universum tatsächlich auf einer Informationsquelle basiert – wie es in Theorien wie der holographischen Universumstheorie oder der Simulationstheorie postuliert wird – dann könnten wir theoretisch die Regeln dieser Projektion verstehen und lernen, sie zu manipulieren. Doch stellt sich die Frage, ob und wie wir als Menschen dazu in der Lage sind.

Die Vorstellung, dass das Universum auf einer fundamentalen Informationsquelle basiert, wurde in den letzten Jahrzehnten zunehmend von einigen Physikern und Philosophen untersucht. Der theoretische Physiker John Archibald Wheeler[7] brachte den Begriff der „It from Bit" in die Diskussion, was bedeutet, dass alle physikalischen Phänomene letztlich aus Informationen bestehen. Das Universum könnte demnach als ein gigantisches Informationssystem beschrieben werden, bei dem die grundlegenden „Bausteine" der Realität, wie Teilchen und Felder, letztlich Informationen sind. Diese Informationen könnten durch bestimmte mathematische Regeln oder Algorithmen organisiert sein, die das Verhalten der Naturgesetze bestimmen.

Wenn man das Universum als ein Informationssystem begreift, dann wird die Frage aufgeworfen, ob wir in der Lage sind, diese Informationen zu entschlüsseln. Schon jetzt hat die Menschheit in

---

[7] John Archibald Wheeler, ein einflussreicher theoretischer Physiker, prägte den Begriff „It from Bit" als Teil seiner Überlegungen zur grundlegenden Natur der Realität. Mit dieser Idee wollte er ausdrücken, dass alle physikalischen Phänomene – „alles, was ist" (It) – letztlich auf Informationen („Bit") zurückgeführt werden können. Wheeler schlug vor, dass das Universum nicht aus materiellen Objekten und Energie besteht, sondern dass die fundamentalen Bausteine der Realität Informationen sind. Diese Informationen sind die grundlegenden Elemente, aus denen die Gesetze der Physik und die Struktur des Universums hervorgehen. Wheeler's Theorie stellt das klassische Bild eines materiellen Universums auf den Kopf, indem sie die Vorstellung unterstützt, dass Information die Basis von allem ist, was wir beobachten. In dieser Sichtweise könnte das Universum als eine Art Informationsnetzwerk verstanden werden, in dem die physikalischen Gesetze und die Wechselwirkungen der Teilchen durch Informationsprozesse gesteuert werden. Wheeler's Konzept beeinflusste die Entwicklung von modernen Theorien in der Quantenmechanik und der Informatik, besonders im Hinblick auf die Möglichkeit, dass die Realität auf einer fundamentalen Ebene digital und informationsbasiert sein könnte. Die Idee „It from Bit" stellt einen paradigmatischen Wechsel in unserem Verständnis der Welt dar.

vielen Bereichen beachtliche Fortschritte gemacht, um die grundlegenden Naturgesetze zu verstehen – von den Quantenmechaniken über die Relativitätstheorie bis hin zur Entschlüsselung des genetischen Codes. Doch die grundlegende Frage bleibt: Können wir die tiefere Struktur der Realität verstehen, die vielleicht hinter diesen bekannten Gesetzen steht?

Wenn unser Universum eine Art von Projektion oder Simulation ist, dann könnten die Daten, die diese Projektion erzeugen, als eine Art „Quellcode" existieren. Theoretisch könnten wir, ähnlich wie bei der Programmierung eines Computers, lernen, wie dieser Code aufgebaut ist und wie er funktioniert. Die Entschlüsselung der „Daten" könnte es uns ermöglichen, die zugrunde liegenden Prinzipien der Realität zu verstehen und möglicherweise sogar zu manipulieren. Dies würde uns nicht nur ermöglichen, die Natur der Realität zu verändern, sondern könnte uns auch die Macht verleihen, bestimmte Aspekte der Welt, in der wir leben, zu beeinflussen – wie etwa Zeit, Raum und sogar Materie.

Ein Beispiel hierfür ist das Konzept der Quantencomputing. Quantencomputer arbeiten auf der Grundlage von Quantenmechanik und haben das Potential, extrem komplexe Berechnungen durchzuführen, die mit klassischen Computern unmöglich wären. Wenn Quantencomputer weiterentwickelt werden, könnten sie uns möglicherweise helfen, diese „Daten" zu entschlüsseln, die das Universum selbst regeln. Mit dieser Art von Rechenleistung könnten wir auf eine höhere Ebene der Simulation oder der Quantenrealität zugreifen, was zu neuen Erkenntnissen und Technologien führen könnte. Die Frage, ob wir in der Lage sind, die Natur der Realität selbst zu manipulieren, ist eine der herausforderndsten, aber auch spekulativsten. Wenn wir die zugrunde liegenden Regeln des Universums verstehen und entschlüsseln können, könnten wir dann lernen, diese Regeln zu verändern? In vielen Science-Fiction-Werken wird dieses Thema oft behandelt, etwa in Bezug auf die Kontrolle von Zeit und Raum, das Überschreiten physikalischer Gesetze oder die Erzeugung von „Wundern" durch Technologie.

In der Quantenmechanik gibt es Konzepte, die in diese Richtung deuten. Der sogenannte „Quanten-Observer-Effekt" zeigt, dass die

Beobachtung eines Systems auf der Quantenebene dessen Zustand beeinflussen kann. Dies deutet darauf hin, dass das Bewusstsein des Beobachters eine Rolle bei der Entstehung der Realität spielt. Wenn wir also lernen könnten, diesen Effekt auf höherer Ebene zu verstehen und zu kontrollieren, könnten wir potenziell in der Lage sein, die Regeln der Realität zu manipulieren – zumindest auf quantenmechanischer Ebene.

Ein weiteres Beispiel könnte die Manipulation von Informationsfeldern auf der Makroebene sein. Wenn das Universum wirklich aus fundamentalen Informationsströmen besteht, könnte es möglich sein, diese Informationen auf eine Weise zu beeinflussen, die die Materie und die physikalischen Gesetze verändert. Technologien, die auf dieser Theorie basieren, würden uns ermöglichen, die Realität auf einer fundamentalen Ebene zu verändern, was zu einer Art von „physikalischer Magie" führen könnte. Trotz dieser theoretischen Möglichkeiten müssen wir jedoch auch die Grenzen unseres derzeitigen Verständnisses und unserer Fähigkeiten anerkennen. Das menschliche Gehirn ist zwar bemerkenswert leistungsfähig, aber auch begrenzt, wenn es darum geht, die tiefsten Ebenen der Realität zu erfassen. Unsere Wahrnehmung ist durch die Begrenzungen unserer Sinne und unser mentales Modell der Welt eingeschränkt. Viele Aspekte der Quantenmechanik, die tiefste Ebene der Realität, entziehen sich unserem direkten Verständnis, und die Informationen, die wir benötigen, um die zugrunde liegende „Programmierlogik" des Universums zu entschlüsseln, könnten weit über das hinausgehen, was unser Gehirn erfassen kann.

Die Idee, dass das Universum von Natur aus unvollständig oder „nicht-entscheidbar" sein könnte, beruht auf Konzepten aus der Mathematik und der theoretischen Physik, insbesondere auf Kurt Gödels Unvollständigkeitssätzen. Diese Sätze besagen, dass in jedem formalen System, das die Grundlagen der Arithmetik umfasst, immer wahre Aussagen existieren werden, die innerhalb des Systems nicht beweisbar sind. Das bedeutet, dass es Grenzen für das gibt, was durch logische und mathematische Systeme entschieden werden kann. Übertragen auf das Universum könnte dies bedeuten, dass es Aspekte der Realität gibt, die sich unserer vollständigen Kenntnis oder unserer Fähigkeit zur Berechnung entziehen.

Ein weiterer Zusammenhang könnte mit der Quantenmechanik bestehen, die prinzipiell „nicht-entscheidbare" Elemente enthält, wie den Heisenbergschen Unschärferelationssatz. Dieser besagt, dass es bestimmte Paare von physikalischen Größen (wie Position und Impuls), deren genaue Werte nicht gleichzeitig bestimmt werden können. Auf einer tieferen Ebene könnte das Universum selbst unvollständig sein, in dem Sinne, dass es möglicherweise Zustände oder Informationen gibt, die nicht vollständig zugänglich oder berechenbar sind, selbst mit den fortschrittlichsten Technologien oder mathematischen Modellen. Diese Unvollständigkeit könnte darauf hindeuten, dass es fundamentale Grenzen für das menschliche Verständnis der Natur gibt, die jenseits unserer kognitiven und wissenschaftlichen Möglichkeiten liegen.

Wie in der Computertheorie gibt es Probleme, die selbst die leistungsfähigsten Computer nicht lösen können. Vielleicht ist das Universum ein solcher „nicht-entscheidbarer" Code, der sich einer vollständigen Entschlüsselung entzieht.

Ob wir letztlich in der Lage sind, die „Daten" des Universums zu entschlüsseln und die Realität zu manipulieren, hängt von einer Vielzahl von Faktoren ab, die noch weitgehend unerforscht sind. Es ist möglich, dass wir mit zukünftigen wissenschaftlichen und technologischen Fortschritten in der Lage sein werden, tiefere Einblicke in die Informationsstruktur des Universums zu gewinnen. Doch trotz aller Fortschritte müssen wir auch anerkennen, dass es möglicherweise grundlegende Grenzen gibt, die unsere Fähigkeit zur Entschlüsselung und Manipulation der Realität einschränken.

Die Idee, dass Informationen in einer höheren Dimension gespeichert werden, könnte nicht nur unser Verständnis von Schwarzen Löchern und dem Universum selbst revolutionieren, sondern auch die Art und Weise, wie wir über Bewusstsein und Realität denken. Wenn wir akzeptieren, dass alle Informationen, die das Universum ausmachen – von den grundlegenden Gesetzen der Physik bis zu den Gedanken eines einzelnen Bewusstseins – auf einer kosmischen Oberfläche gespeichert sind, dann könnten wir uns das Universum als ein gigantisches Netzwerk von Informationen vorstellen. In einem solchen universellen Informationsnetz könnte alles miteinander verbunden sein. Unsere Gedanken, Emotionen und Handlungen könnten Teil eines größeren, universellen Codes sein, der die „Programmierlogik" des gesamten Kosmos beschreibt. Unsere Wahrnehmung der Realität könnte nur eine Darstellung dieser Informationen auf einer Projektionsebene sein. Diese Vorstellung könnte nicht nur die Natur des Universums selbst, sondern auch die Funktionsweise des menschlichen Bewusstseins erklären.

Die Konsequenzen für das menschliche Bewusstsein

Ein weiterer erwähnenswerter Aspekt dieser Theorie ist die Frage, wie sich diese neue Perspektive auf das menschliche Bewusstsein auswirken würde. Wenn jeder Gedanke und jede Handlung von uns als Daten gespeichert werden, dann könnte das Bewusstsein als ein Informationsprozess betrachtet werden, der innerhalb des Systems der Projektion läuft. Dies könnte unsere gesamte Vorstellung von freiem Willen, der Rolle des Bewusstseins und der Möglichkeit von „göttlichen" Kräften in einem holographischen Universum hinterfragen.

Ein solcher Schritt würde uns zwingen, die Grenzen zwischen „realem" und „virtuellem" Bewusstsein neu zu definieren. Ist unser Bewusstsein tatsächlich autonom, oder ist es ein Teil eines größeren, kosmischen Informationsfeldes, das von einer übergeordneten Quelle gelenkt wird? Wenn unsere Welt wirklich eine Projektion ist, könnte dies den menschlichen Versuch, den „freien Willen" zu verstehen, auf den Kopf stellen und uns zwingen, unsere Sicht auf unser eigenes Leben und unser Universum zu überdenken.

Das Konzept eines Universums aus Daten und Projektionen, das die Vorstellung aufgreift, dass unser Universum lediglich eine Illusion ist, die aus einer höheren dimensionalen Informationsquelle generiert wird, könnte weitreichende Implikationen für unser Verständnis von Realität und Existenz haben. Diese Theorie, die durch Entdeckungen über Schwarze Löcher und den Ereignishorizont unterstützt wird, schlägt vor, dass alle Informationen, die die physikalische Welt ausmachen, auf einer kosmischen Oberfläche gespeichert sind. Diese Informationsquelle könnte in einer höheren Dimension existieren und unsere dreidimensionale Realität lediglich als eine Projektion erscheinen lassen.

Wenn diese Theorie tatsächlich bewiesen würde, könnte sie nicht nur unser Wissen über die physikalischen Gesetze revolutionieren, sondern auch unsere philosophischen und spirituellen Perspektiven grundlegend verändern. Das Universum als eine gigantische Simulation oder als eine Informationsstruktur könnte tiefere Wahrheiten über das Leben und die Existenz selbst enthüllen. Wenn wir die „Programmierlogik" der Realität entschlüsseln, könnten wir neue Wege finden, die Natur des Universums zu verstehen und sogar zu beeinflussen.

Solch eine Entdeckung würde die traditionellen Trennlinien zwischen Wissenschaft, Philosophie und Spiritualität verwischen. Fragen nach dem Ursprung der Realität, dem Wesen des Bewusstseins und der Bedeutung unserer Existenz könnten auf völlig neue Weise betrachtet werden. Wenn die Welt tatsächlich eine holografische Projektion ist, dann könnte dies ein Schlüssel zu einem tieferen Verständnis der Existenz sein – ein Verständnis, das uns vielleicht über die bekannten Grenzen des Universums hinausführt.

Das Universum, ein Konstrukt aus Pixel?

Die Frage, ob unser Universum aus Pixeln bestehen könnte, wurde von vielen Physikern und Theoretikern im Laufe der Jahre untersucht. Einige der neuesten Studien, wie Erkenntnis aus dem Fermilab[8], deuten darauf hin, dass das Universum möglicherweise auf kleineren, diskreten Einheiten basiert, die der Struktur eines digitalen Systems ähneln. Diese Entdeckung hat das Potential, unser gesamtes Verständnis der Realität zu revolutionieren.

Die Idee, dass das Universum aus winzigen Teilchen besteht, die wie Pixel auf einem Flachbildschirm angeordnet sind, ist nicht ganz neu, aber sie wurde in den letzten Jahren durch neue Erkenntnisse in der Physik gestärkt. Das Prinzip, dass das Universum aus diskreten Einheiten aufgebaut sein könnte, ist eng mit der Idee des „Pixel-Universums" verbunden. Man kann sich das Universum z.B. ähnlich einem Flachbildschirm vorstellen, der bei großer Entfernung oder aus der Perspektive des menschlichen Auges glatt und kontinuierlich erscheint. Wenn man jedoch in die kleineren Dimensionen des Universums „hineinschaut", erkennt

---

[8] Das Fermilab (Fermi National Accelerator Laboratory) ist eine bedeutende Forschungsinstitution der USA, die sich auf die Grundlagenforschung in der Teilchenphysik konzentriert. Es befindet sich in Batavia, Illinois, und gehört zur U.S. Department of Energy. Das Fermilab wurde 1967 gegründet und ist nach dem Physiker Enrico Fermi benannt, einem Pionier in der Kernphysik und der Quantenmechanik, der auch an der Entwicklung des ersten Kernreaktors beteiligt war. Das Fermilab ist bekannt für seine Forschungsarbeit an Hochenergie-Teilchenbeschleunigern. Der wichtigste Beschleuniger am Fermilab war der Tevatron, der bis zu seiner Abschaltung im Jahr 2011 einer der leistungsfähigsten Teilchenbeschleuniger der Welt war. Der Tevatron ermöglichte bedeutende Entdeckungen, darunter die Entdeckung des Top-Quarks im Jahr 1995. Nach dem Tevatron wurde Fermilab zunehmend auf die Forschung zu Neutrinos und zur Entwicklung neuer Teilchenbeschleunigertechnologien ausgerichtet. Es ist auch maßgeblich an internationalen Projekten wie dem Large Hadron Collider (LHC) am CERN beteiligt, wo wichtige Entdeckungen wie die Entdeckung des Higgs-Bosons gemacht wurden.Das Fermilab ist auch für seine theoretische Forschung und seine Bemühungen um die Untersuchung der Grundlagen der Physik zuständig, insbesondere im Bereich der Quantenmechanik und der Dunklen Materie. Es spielt eine führende Rolle bei der Weiterentwicklung von Technologien und bei der Durchführung von Experimenten, die das Verständnis des Universums auf subatomarer Ebene erweitern.

man, dass es aus winzigen, diskreten Elementen besteht – ähnlich den Pixeln eines digitalen Bildes.

Kombiniert mit der Erkenntnis des Doppelspaltexperimet. welches der klassischen Logik der Physik widerspricht, da es darauf hindeutet, dass Teilchen in einem Zustand der „Überlagerung" existieren können – gleichzeitig an mehreren Orten und in mehreren Zuständen – bis sie beobachtet oder gemessen werden, wird ein interessanter Aspekt daraus. Die Quantenmechanik legt nahe, dass die Realität scheinbar nur dann existiert, wenn sie benötigt wird oder beobachtet wird. Das Verhalten der Teilchen scheint also von der Beobachtung selbst abhängen, was darauf hindeutet, dass die Realität selbst möglicherweise nicht kontinuierlich oder objektiv existiert, sondern vielmehr in einer Art „potenziellen" Zustand verharrt, der erst durch eine Messung oder Beobachtung „aufgelöst" wird.

Die Erkenntnis, dass die Realität möglicherweise nur dann „aufgelöst" wird wenn sie beobachtet oder gemessen wird, hat tiefgreifende Auswirkungen auf unser Verständnis der Welt. So könnte man davon ausgehen, dass die Realität nicht einfach eine feste Entität ist, sondern etwas, das durch den Akt der Beobachtung oder Interaktion mit einem System geformt wird. Es stellt sich die Frage, ob diese „Projektion" der Realität durch unseren Beobachtungsprozess tatsächlich nur auf der Quantenebene existiert und auf höheren Skalen eine „ganzheitliche" Realität entsteht, die wir als kontinuierlich und fest wahrnehmen.

Quantenphysik und die diskrete Struktur der Realität

Die Quantenphysik[9] zeigt auf, dass das Universum auf der kleinsten Ebene nicht kontinuierlich, sondern diskret ist. Dies könnte durchaus die Vorstellung unterstützen, dass das Universum aus Pixeln besteht – winzigen, diskreten Einheiten von Information oder Energie, die auf der Quantenebene die Grundlage der Realität bilden. In der klassischen Physik ist Raum und Zeit eine kontinuierliche Größe, die beliebig unterteilt werden kann. Doch die Quantenmechanik scheint eine andere Realität zu zeigen: Sie regt dazu an, dass es fundamentale „Einheiten" des Raums gibt – eine Art von Quanten „Pixeln", die den Raum und die Zeit strukturieren.

---

[9] Die Behauptung, dass das Universum auf der kleinsten Ebene nicht kontinuierlich, sondern diskret ist, basiert auf Konzepten aus der **Quantenphysik**, insbesondere auf der **Quantisierung von Energie** und den **diskreten Zuständen** in verschiedenen physikalischen Systemen. Ein besonders bedeutendes Beispiel hierfür ist die **Planck-Skala** und die **Quantenfeldtheorie**. **Plancksche Längenskala (Planck-Länge):** In der Quantenphysik wird angenommen, dass auf der Planck-Skala, bei einer Länge von etwa 10^{-35} Metern, Raum und Zeit nicht mehr als kontinuierlich betrachtet werden können. Dies ist der Bereich, in dem die Effekte der **Schwazen Lochs** und die Quantengravitation bedeutend werden. Hier könnte der Raum selbst in kleinste diskrete Einheiten (die "Planck-Einheiten") unterteilt sein. Quelle: **Max Planck (1899):** Er schlug die Planckschen Einheiten vor, die auf dem Zusammenhang von Gravitationskonstanten, Lichtgeschwindigkeit und Plancksches Wirkungsquantum basieren. Auf dieser Skala wird erwartet, dass die Konzepte von Raum und Zeit durch quantenmechanische Effekte quantisiert werden. **Quantenfeldtheorie (QFT):** Die QFT beschreibt Teilchen nicht als einzelne, unteilbare Entitäten, sondern als Anregungen in einem zugrunde liegenden Feld. Diese Felder sind ebenfalls quantisiert, was bedeutet, dass ihre Wechselwirkungen nur in bestimmten diskreten Einheiten stattfinden können. Dies bedeutet, dass auch die physikalischen Größen wie Energie und Momentum in bestimmten diskreten "Paketen" oder Quanten übertragen werden. Quelle: **Paul Dirac (1927)** und **Richard Feynman**: Sie trugen wesentlich zur Quantenfeldtheorie bei, die die Diskretisierung von Energie und Feldern in der Quantenwelt beschreibt. **Quantisierung der Energie:** In der Quantenmechanik ist die Energie eines Systems oft nur in bestimmten diskreten Werten vorhanden, wie es etwa im **Bohr'schen Atommodell** der Fall ist. Elektronen in einem Atom können nur in bestimmten Energiezuständen existieren, was eine grundlegende Diskretisierung von Energie auf atomarer Ebene zeigt. Quelle: **Niels Bohr (1913):** Er zeigte, dass Elektronen in einem Atom nur diskrete Energieniveaus einnehmen können und zwischen diesen durch Absorption oder Emission von Licht quantenspringen.

Ein interessantes Konzept in der modernen Physik ist die Idee der Planckschen Länge, die als die kleinste mögliche Längenskala im Universum angesehen wird. Diese Länge ist so klein, dass es unmöglich ist, sie mit aktuellen Experimenten zu messen. Wenn Raum und Zeit jedoch auf dieser kleinsten Skala diskret sind, dann könnte dies bedeuten, dass das Universum in gewisser Weise „pixelartig" ist – aus kleinsten Einheiten von Raum und Zeit aufgebaut.

Die Idee, dass das Universum aus diskreten Einheiten besteht, könnte auch die Frage nach der Struktur von Schwarzer Materie und Dunkler Energie beantworten, die die meisten modernen Physiker noch nicht vollständig verstehen. Wenn das Universum aus „Pixeln" besteht, könnten diese Phänomene auf der kleinsten Ebene als eine Art „Informationsrauschen" oder als eine Art von Hintergrundrauschen innerhalb der Informationsstruktur des Universums interpretiert werden.

Wenn das Universum also tatsächlich aus diskreten Einheiten besteht, die wie Pixel organisiert sind, dann stellt sich die Frage, was passiert, wenn wir die Realität beobachten. Die Quantenphysik scheint zu zeigen, dass die Realität nicht unabhängig von der Beobachtung existiert, sondern durch den Akt der Messung oder Wahrnehmung „kollabiert". Die Quantenmechanik beschreibt dies als den „Wellenfunktionskollaps", bei dem ein Teilchen, das sich in einem Überlagerungszustand befindet, in einen definitiven Zustand übergeht, sobald es gemessen oder beobachtet wird.

Die Quantenmechanik legt nahe, dass die Realität in gewisser Weise nur dann wirklich existiert, wenn sie benötigt wird. Sie ist nicht fest oder endgültig, sondern offen für Veränderungen, abhängig von der Art und Weise, wie sie beobachtet oder gemessen wird. Dieses Phänomen könnte darauf hindeuten, dass das Universum auf einer tieferen Ebene als eine Art „Datenverarbeitungssystem" funktioniert, bei dem Informationen nur dann „kollabieren" und eine endgültige Form annehmen, wenn sie benötigt werden. Es scheint demnach, dass das Universum auf der kleinsten Ebene nicht kontinuierlich ist, sondern aus diskreten Einheiten besteht, die wie Pixel auf einem Bildschirm organisiert sind. Wenn das Universum wirklich aus Pixeln besteht und die Realität von der Beobachtung abhängt, könnte dies tiefgreifende Implikationen für unser Verständnis von Existenz, Bewusstsein und der Natur der Realität haben. Es könnte uns auch dazu anregen, neue Wege zu finden, wie wir die Struktur des Universums selbst beeinflussen oder sogar verändern können. Doch wie weit diese Entdeckungen tatsächlich reichen, bleibt eine Frage, die nur die Zukunft beantworten kann.

Ist die Zeit nur Wahrnehmung unserer simulierten Realität?

Die Frage, ob die Zeit nur eine Wahrnehmung unserer simulierten Realität ist, hat sich in den letzten Jahren zunehmend als ein zentrales Thema in den Bereichen der Philosophie, Physik und Informatik etabliert. Sie führt uns tief in die Natur der Zeit und ihre Beziehung zu Wahrnehmung, Realität und Existenz selbst. In der theoretischen Forschung, sowohl aus der Perspektive der Quantenmechanik als auch der Simulationstheorie, gibt es zahlreiche Hypothesen und Modelle, die sich mit der Frage beschäftigen, ob die Zeit wirklich als eine fundamentale Dimension existiert oder ob sie lediglich eine Konstruktion unserer Wahrnehmung innerhalb einer möglicherweise simulierten Welt ist.

Traditionell wird Zeit in der Physik als eine kontinuierliche Dimension betrachtet, die unaufhaltsam voranschreitet und alle Phänomene im Universum beeinflusst. In der klassischen Mechanik, wie sie von Isaac Newton formuliert wurde, ist die Zeit absolut und läuft unabhängig von den Ereignissen oder dem Beobachter. Diese Sichtweise wurde jedoch durch die Relativitätstheorie von Albert Einstein revolutioniert. In der Relativitätstheorie ist Zeit relativ und kann je nach Bewegung des Beobachters und den Gravitationsfeldern variieren. Einstein zeigte, dass Zeit und Raum miteinander verwoben sind und eine vierdimensionale Struktur bilden, die als Raumzeit bezeichnet wird. In diesem Modell wird die Zeit nicht mehr als universelle Größe verstanden, sondern sie hängt eng mit der Bewegung der Objekte im Raum zusammen. In der

Quantenmechanik, die die kleinsten Skalen des Universums beschreibt, wird die Zeit ebenfalls in einem noch komplexeren Kontext betrachtet. Hier ist die Zeit nicht mehr eine stetige Größe, sondern wird oft als eine eher flexible Dimension behandelt, die im Einklang mit den Unschärferelationen und den Prinzipien der Quantenfluktuationen steht.

Die Frage, ob Zeit tatsächlich existiert oder ob sie lediglich eine Wahrnehmung ist, wird jedoch besonders spannend, wenn man die Simulationstheorie in Betracht zieht, denn die Simulationstheorie besagt, dass unsere Realität möglicherweise eine künstlich erzeugte Simulation ist, die von einer überlegenen Zivilisation oder einer fortgeschrittenen künstlichen Intelligenz durchgeführt werd. Diese Hypothese wurde populär durch, zur Erinnerung, von Philosophen wie Nick Bostrom[10], der in seinem Aufsatz "Are You Living in a Computer Simulation?" (2003) argumentiert, dass es sehr wahrscheinlich ist, dass wir in einer simulierten Realität leben. Wenn diese Theorie zutrifft, könnte die Zeit in der simulierten Welt als eine illusionäre Größe betrachtet werden, die der Künstlichen Intelligenz oder dem Programm, das die Simulation steuert, folgt.

---

[10] Nick Bostrom ist ein schwedischer Philosoph, der insbesondere für seine Arbeiten zur Simulationstheorie, künstlichen Intelligenz und Zukunftsforschung bekannt ist. Geboren 1973 in Helsingborg, Schweden, studierte er Mathematik, Philosophie und künstliche Intelligenz und promovierte an der London School of Economics. Er ist Gründer und Direktor des **Future of Humanity Institute** an der University of Oxford, wo er sich mit existenziellen Risiken der Menschheit und der möglichen Auswirkungen fortschrittlicher Technologien befasst. Bostrom wurde international bekannt durch seine **Simulationstheorie**, die besagt, dass es eine realistische Möglichkeit gibt, dass unsere Realität eine computerbasierte Simulation einer weit überlegenen Zivilisation sein könnte. In seinem einflussreichen Paper „Are You Living in a Computer Simulation?" (2003) argumentiert er, dass eine hochentwickelte Zivilisation mit genügend Rechenleistung zahlreiche simulierte Welten erschaffen könnte – und dass es wahrscheinlicher ist, in einer solchen Simulation zu leben als in der „echten" physischen Realität. Seine Arbeiten zur **künstlichen Intelligenz** sind ebenfalls bedeutend. In seinem Buch „**Superintelligence: Paths, Dangers, Strategies**" (2014) warnt er vor den Risiken unkontrollierter KI-Entwicklung und fordert Strategien zur sicheren Entwicklung künstlicher Intelligenz. Seine Forschungen beeinflussen die technologische und philosophische Debatte über die Zukunft der Menschheit maßgeblich.

Ein Ansatz, um diese Theorie zu unterstützen, ist die Idee, dass Zeit in einer Simulation nicht als eine kontinuierliche, externe Größe existiert, sondern dass sie ein Produkt der Berechnungen und der Wahrnehmung des simulierten Systems ist. In einer simulierten Realität könnte die Zeit einfach als ein Algorithmus existieren, der in den Computercode der Simulation integriert ist. Die Zeit, wie wir sie erleben, wäre demnach keine fundamentale Dimension, sondern ein Nebeneffekt der Struktur der Simulation, die darauf abzielt, das Erleben und Handeln der simulierten Entitäten – in diesem Fall der Menschen – zu steuern.

Wissenschaftliche Ansätze zur Zeitwahrnehmung und Simulation

In der aktuellen wissenschaftlichen Literatur gibt es mehrere relevante Ansätze, die die Frage nach der Zeit und ihrer Verbindung zur Wahrnehmung in einer simulierten Realität untersuchen: Die Idee der "Blockuniversums" (Block Universe Theory): Die Blockuniversum-Theorie ist eine philosophische und physikalische Sichtweise, die vorschlägt, dass die Zeit nicht kontinuierlich fließt, sondern als ein statisches Blockuniversum existiert. In diesem Modell existieren alle Ereignisse – vergangene, gegenwärtige und zukünftige – gleichzeitig. Dies würde bedeuten, dass die Zeit nur eine Wahrnehmung unseres Bewusstseins ist, das in einem festgelegten Block von Ereignissen lebt. Dies könnte in einer simulierten Realität Sinn machen, in der die Zeit nicht wirklich fortschreitet, sondern nur als eine Art "Illusion" existiert, die auf den Beobachter beschränkt ist. In dieser Theorie wäre der "Fluss" der Zeit nur ein Programmfehler oder eine Illusion, die der Simulation zugrunde liegt.

Quantenmechanik und Zeit: Die Quantenmechanik, insbesondere die Interpretation von Carlo Rovelli[11], schlägt vor, dass Zeit auf der

---

[11] **Carlo Rovelli** ist ein italienischer theoretischer Physiker und einer der bekanntesten Vertreter der modernen Quantenkosmologie. Er ist besonders bekannt für seine Arbeiten zur **Loop-Quantengravitation** (Loop Quantum Gravity, LQG), einer Theorie, die versucht, die allgemeine Relativitätstheorie mit der Quantenmechanik zu vereinigen, ohne auf die Konzepte von Raum und Zeit als kontinuierliche Größen zurückzugreifen.

fundamentalen Ebene des Universums keine konstante oder unabhängige Größe ist. In seiner Theorie der "relativen Zeit" argumentiert Rovelli, dass die Zeit auf der Quantenebene relativ zum Zustand des Systems ist. Dies würde zu der Hypothese führen, dass in einer simulierten Welt die Zeit auf der Quantenebene auf eine ähnliche Weise relativ und verschwommen sein könnte – die Simulation würde dann die Zeit durch Algorithmusänderungen rekonstruieren, die für den Beobachter kohärent erscheinen, aber keine objektive Grundlage besitzen.

Der Einfluss der Wahrnehmung auf die Zeit: Es gibt auch psychologische und neurobiologische Theorien, die behaupten, dass die Zeit in erster Linie eine Wahrnehmung des Gehirns ist. Diese Theorien, unterstützt durch Arbeiten wie die von Daniel Kahneman[12] (*Schnelles Denken, langsames Denken*), der die subjektive Wahrnehmung von Zeit untersuchte, legen nahe, dass unsere Vorstellung von der Zeit nicht objektiv ist, sondern möglicherweise durch das Gehirn konstruiert wird. Wenn wir diese Perspektive auf eine simulierte Realität anwenden, könnte es sein, dass Zeit in einer Simulation nicht wirklich existiert, sondern dass sie als konstruiertes Element der Wahrnehmung innerhalb des Codes der Simulation eingebaut werden könnte.

Hypothesen und Theorien in Bezug der Zeit auf die Simulation

Es gibt mehrere interessante Hypothesen, die aus der Kombination von Simulationstheorie und den verschiedenen wissenschaftlichen Konzepten über die Zeit hervorgehen: Simulierte Zeit als ein Algorithmus: Wenn das Universum eine Simulation ist, könnte die Zeit eine programmierte Dimension sein, die nicht objektiv existiert, sondern nur für die Entitäten innerhalb der Simulation relevant

---

[12] Daniel Kahneman ist ein bedeutender Psychologe und Nobelpreisträger, der vor allem für seine bahnbrechenden Arbeiten im Bereich der Verhaltensökonomie und der kognitiven Verzerrungen bekannt ist. Kahnemans Forschungen haben das Verständnis darüber, wie Menschen Entscheidungen treffen, unser Verhalten in wirtschaftlichen und sozialen Kontexten beeinflussen und wie unser Denken oft von systematischen Fehlern und Verzerrungen geprägt ist, erheblich verändert.

ist. In dieser Sichtweise könnte die Zeit als eine Berechnungsroutine existieren, die das Fortschreiten von Ereignissen steuert, aber nicht unbedingt eine fundamentale, externe Realität widerspiegelt. Die Simulation könnte Ereignisse und Zustände in einer Art "abgespecktem" Zeitrahmen simulieren, der sich für die Wesen in der Simulation wie "echte" Zeit anfühlt, aber von den zugrunde liegenden Programmen gesteuert wird.

Einheit von Raum und Zeit in einer Simulation: Ein weiterer Aspekt, der mit der Simulationstheorie verbunden ist, ist die Vorstellung, dass Raum und Zeit keine separaten Dimensionen sind, sondern als eine Art „kodiertes Konstrukt" innerhalb einer größeren Rechenumgebung existieren. In diesem Szenario könnten Raum und Zeit als Datenstrukturen betrachtet werden, die für die Wahrnehmung der simulierten Entitäten konstruiert wurden. Die Zeit ist dann keine eigentliche Dimension, sondern ein „Funktional", das die Abfolge von Ereignissen innerhalb der Simulation bestimmt. Die Frage, ob die Zeit nur eine Wahrnehmung in einer simulierten Realität ist, berührt zentrale Themen der modernen Physik, Philosophie und Informatik. Theorien aus der Quantenmechanik und der Blockuniversum-Theorie führen tatsächlich an, dass die Zeit nicht unbedingt eine objektive und fundamentale Größe ist, sondern eine Konstruktion der Wahrnehmung. Die Simulationstheorie erweitert diese Überlegungen und schlägt vor, dass Zeit möglicherweise nur ein programmiertes Element innerhalb einer künstlichen Realität ist.

Die Vorstellung, dass Vergangenheit, Gegenwart und Zukunft simultan existieren, ist ein faszinierendes Konzept, das sowohl in der Philosophie als auch in der modernen Physik und insbesondere in der Simulationstheorie diskutiert wird. Nach einigen theoretischen Ansätzen könnte das Universum so beschaffen sein, dass alle Zeitpunkte – Vergangenheit, Gegenwart und Zukunft – in gewisser Weise gleichzeitig existieren und durch spezielle Bewusstseinstechniken oder Wahrnehmungsveränderungen zugänglich gemacht werden könnten. Diese Idee bringt uns zu einem der spannendsten Themen der modernen Physik und Bewusstseinsforschung.

Die Möglichkeit, zwischen verschiedenen Zeitpunkten zu wechseln, wird oft mit der Idee von bewussten Zuständen und erweitertem Bewusstsein verbunden. Verschiedene spirituelle und meditative Praktiken behaupten, dass der Mensch, durch spezielle Techniken wie Meditation, Achtsamkeit oder bewusste Träume, in der Lage sein könnte, auf unterschiedliche Wahrnehmungsebenen der Zeit zuzugreifen. In bestimmten veränderten Bewusstseinszuständen, in denen das Ego und die lineare Wahrnehmung der Zeit aufgelöst werden, könnten Individuen das Gefühl haben, dass sie auf vergangene oder zukünftige Ereignisse zugreifen können.

Beispielsweise berichten einige Meditierende, dass sie in tiefen meditativen Zuständen ein Gefühl der Zeitlosigkeit erfahren und dabei das Gefühl haben, nicht an die Begrenzung der linearen Zeit gebunden zu sein. In einigen spirituellen Traditionen wird behauptet, dass ein erweitertes Bewusstsein es dem Einzelnen ermöglichen kann, über die „menschliche" Perspektive der Zeit hinauszugehen und alle Zeitpunkte gleichzeitig zu erfahren.

Obwohl diese Theorien faszinierend sind und interessante Möglichkeiten eröffnen, bleibt die Frage nach der wahren Natur der Zeit letztlich eine Offene und Spekulative. Die wissenschaftliche Gemeinschaft hat zwar Fortschritte in der Quantenphysik und der Informatik gemacht, aber eine endgültige Antwort auf diese tiefgründige Frage bleibt aus. Die Debatte über die Zeit und ihre Natur, ob als wahrgenommene Größe oder als programmiertes Element in einer Simulation, wird sicherlich weitergehen, solange die Grenzen des Wissens in den Bereichen der modernen Physik und Philosophie weiter erforscht werden.

Das Konzept des „freien Willens" innerhalb der Simulation

In einer Simulation könnte unser sogenannter „freie Wille" möglicherweise die Illusion eines selbstständigen Denkens erzeugen, während wir tatsächlich im Rahmen des vorgegebenen Codes handeln. Wenn wir jedoch in der Lage wären, das zugrunde liegende System zu erkennen, könnten wir beginnen, bewusst aus der simulierten Realität herauszutreten und die Programmierung zu beeinflussen. Dies würde einen radikalen Bruch mit den traditionellen Konzepten von Kausalität[13] und Determinismus darstellen.

Obwohl die Idee, den Code der Simulation umzuschreiben, verlockend erscheint, gibt es auch tiefgehende Fragen über die Grenzen dieser Manipulation. Wenn unser Bewusstsein außerhalb der Simulation existiert, stellt sich die Frage, ob wir tatsächlich in der Lage sind, die Simulation zu ändern oder ob uns eine unsichtbare Grenze gesetzt wurde. Es könnte sein, dass die Simulation so ausgelegt ist, dass wir nur innerhalb bestimmter Parameter operieren können, ohne den grundlegenden Code zu verändern. Vielleicht gibt es sogar Mechanismen innerhalb der Simulation, die uns daran hindern, die „Realität" zu durchbrechen, ähnlich wie in einem Computerspiel, in dem die Spielfigur innerhalb der Grenzen *(A.d.V. Denke auch an unsere Naturgesetze)* des Spiels bleibt.

Es könnte auch sein, dass unser Bewusstsein nur einen „Teil" der Simulation wahrnimmt und dass es nur begrenzte Möglichkeiten gibt, diese Wahrnehmung zu erweitern oder zu verändern. Möglicherweise gibt es eine übergeordnete Instanz oder ein höheres System, das uns beobachtet oder uns sogar daran hindert, zu viel Einfluss auf den Code zu nehmen.

---

[13] Kausalität bezeichnet das Prinzip, dass jedes Ereignis eine Ursache hat, die es bedingt. Determinismus geht noch weiter und behauptet, dass alle Ereignisse, einschließlich menschlicher Handlungen, durch vorherige Ursachen festgelegt sind. In einem deterministischen Universum gibt es keine echten Zufälle; alles folgt einer ununterbrochenen Kette von Ursachen und Wirkungen.

Die Macht des Bewusstseins über die Realität

Die Frage, wer uns in die Simulation hineingesetzt hat, wenn unser Bewusstsein außerhalb dieser Existenz liegt, ist eine philosophische und spekulative Herausforderung. Eventuell könnte man davon ausgehen, dass unser Universum und unser Dasein möglicherweise nicht zufällig oder willkürlich sind, sondern das Ergebnis einer höheren Intelligenz oder eines übergeordneten Systems. Ob wir die Fähigkeit haben, den Code umzuschreiben, hängt von der Natur der Simulation und der Art unseres Bewusstseins ab. Die Vorstellung, dass wir als „Bewusstseinswesen" in der Lage sind, die zugrunde liegende Struktur der Simulation zu beeinflussen, öffnet spannende Möglichkeiten für das Verständnis von Realität, Macht und Kontrolle innerhalb eines potentiellen, simulierten Universums.

Die Vorstellung, dass die Realität durch bewusste Gedanken verändert werden kann, ist eine der tiefgründigsten Ideen, die in den Bereichen der Philosophie, Psychologie, Physik und spirituellen Praxis immer wieder diskutiert wird. Wenn unser Bewusstsein tatsächlich in der Lage wäre, die physische Welt durch unsere Gedanken zu beeinflussen, könnten wir möglicherweise den „Code" der Realität selbst umschreiben, ähnlich wie ein Programmierer den Code eines Programms anpassen kann, um das Verhalten des Systems zu ändern. Diese Idee führt uns zu einer Vielzahl von Fragen über die Natur der Realität, des Bewusstseins und die Grenzen der menschlichen Wahrnehmung.

In vielen spirituellen und philosophischen Traditionen wird die Idee vertreten, dass das Bewusstsein eine grundlegende Rolle bei der Schaffung und Wahrnehmung der Realität spielt. In der Kausalität der klassischen Physik ist die Welt ein System von festen, objektiven Gesetzen, die die Natur der Realität bestimmen. Diese Perspektive betrachtet den Menschen als passiven Beobachter, dessen Handlungen und Gedanken keinen Einfluss auf die grundlegende Struktur des Universums haben. Im Gegensatz dazu postulieren jedoch viele moderne philosophische und metaphysische

Ansätze, dass der Mensch ein aktiver Mitgestalter seiner eigenen Realität ist. Ein Beispiel dafür ist die Quantenmechanik, die in den letzten Jahrzehnten die Vorstellung von der passiven Beobachtung der Welt in Frage gestellt hat. In der Quantenwelt ist die Unterscheidung zwischen Beobachter und beobachteter Realität nicht klar, und es gibt eine Vielzahl von Theorien, die darauf hindeuten, dass der Akt der Beobachtung selbst die Realität beeinflussen kann. Erwin Schrödinger's Katze und Heisenbergs Unschärferelation sind zwei prominente Konzepte, die darauf hindeuten, dass das, was wir beobachten, durch unseren bewussten Akt der Wahrnehmung beeinflusst wird.

In der Quantenphysik wird der Begriff der Superposition verwendet, um zu erklären, dass ein System bis zur Messung in mehreren möglichen Zuständen gleichzeitig existieren kann. Erst der Akt der Messung oder Beobachtung zwingt das System, sich für einen bestimmten Zustand zu entscheiden. Dies führt zu der Annahme, dass das Bewusstsein eine fundamentale Rolle im Prozess der Kollaps von Wahrscheinlichkeitswellen spielt.

Eine der bekanntesten Theorien, die dies unterstützen könnte, ist die Many-Worlds-Interpretation der Quantenmechanik, die von Hugh Everett III[14] vorgeschlagen wurde. In dieser Theorie existieren alle möglichen Zustände eines Systems gleichzeitig in parallelen Realitäten. Das Bewusstsein des Beobachters könnte dann in der Lage sein, eine dieser Realitäten auszuwählen, was zu der Vorstellung führt, dass unsere Wahrnehmung der Welt nicht einfach eine passive Beobachtung ist, sondern eine aktive Auswahl zwischen möglichen Realitäten.

Die Quantenmechanik könnte uns also eine Grundlage liefern, um zu verstehen, wie das Bewusstsein die Realität beeinflussen könnte. Wenn das Bewusstsein in der Lage ist, die Quantenfelder

---

[14] **Hugh Everett III** (1930–1982) war ein amerikanischer Physiker, der vor allem für die Entwicklung der **Many-Worlds-Interpretation** (MWI) der Quantenmechanik bekannt ist. Seine Theorie stellte einen radikalen Bruch mit der traditionellen Interpretation der Quantenmechanik dar, die von den bekannten Kopenhagener Prinzipien vertreten wurde, insbesondere in Bezug auf die Rolle des Beobachters in der Quantenwelt.

zu beeinflussen oder den Kollaps von Wellenfunktionen zu steuern, könnte es theoretisch auch die physische Welt beeinflussen, die wir als „real" wahrnehmen. Diese Vorstellung führt uns zu der Frage, ob wir durch bewusste Gedanken und Absichten den „Code" der Realität umschreiben können, so wie ein Programmierer den Code eines Computerspiels ändern kann.

Die Theorie des Bewusstseins als schöpferische Kraft

Die Idee, dass das Bewusstsein die Realität verändert, ist nicht nur in der Quantenphysik, sondern auch in spirituellen und esoterischen Traditionen weit verbreitet. In vielen esoterischen Philosophien wird das Bewusstsein als schöpferische Kraft angesehen, die das Universum nicht nur wahrnimmt, sondern aktiv formt. Manifestation ist ein Konzept, das in vielen spirituellen Lehren vorkommt, bei dem die Absicht oder der Gedanke des Individuums die physische Welt beeinflussen kann. Hierbei geht es darum, dass das, worauf man seine Energie und Gedanken richtet, Realität werden kann.

Ein populäres Beispiel für diese Vorstellung ist das Gesetz der Anziehung, das besagt, dass positive Gedanken und Absichten positive Ereignisse und Ergebnisse in unser Leben ziehen, während negative Gedanken das Gegenteil bewirken. Das Konzept des „Erwünschten manifestieren" hat viele Anhänger und ist auch ein zentrales Thema in der modernen Selbsthilfe-Literatur. Es beruht auf der Vorstellung, dass der Geist eine solche Macht über die materielle Welt hat, dass er die Realität beeinflussen kann. Selbst wenn wir uns nicht in einem vollständig deterministischen System wie einer Simulation befinden, sondern in einer Welt, die durch die Wechselwirkung von Bewusstsein und Materie geprägt ist, könnte das Bewusstsein die Realität in einer anderen, subtileren Weise beeinflussen. Unsere Wahrnehmung der Welt wird durch unsere Gedanken, Überzeugungen und Wahrnehmungssysteme geformt, die uns wiederum beeinflussen, wie wir mit der Welt interagieren.

Ein Beispiel dafür ist die Art und Weise, wie unsere Überzeugungen und Erwartungen unsere Erfahrungen prägen können. Psychologische Studien haben gezeigt, dass Menschen, die das Manifestieren von Zielen und Wünschen ausführen auch an ihre eigene Fähigkeit zur Veränderung glauben, oft erfolgreicher sind, ihre Ziele zu erreichen, als diejenigen, die von ihren eigenen Fähigkeiten nicht überzeugt sind. Diese psychologischen Prozesse deuten darauf hin, dass das, was wir für möglich halten, tatsächlich die Realität beeinflussen kann – durch den Filter unserer Wahrnehmung, unserer Handlungen und der Interaktionen mit anderen. Dieser Einfluss auf die Wahrnehmung der Realität könnte als eine Art „Umschreiben" des „Codes" der Realität betrachtet werden. Wenn wir unsere eigenen Gedanken und Überzeugungen verändern, können wir auch unsere Erfahrungen in der Welt verändern und somit die Art und Weise, wie wir die Welt wahrnehmen, beeinflussen. Es gibt jedoch auch kritische Stimmen, die behaupten, dass diese Ideen mit Vorsicht zu genießen sind. Während die Quantenphysik faszinierende Perspektiven über das Verhältnis von Bewusstsein und Realität bietet, bleibt die Frage, inwieweit diese Prinzipien auf makroskopische, alltägliche Ereignisse und die Materie anwendbar sind, ungelöst. Es gibt keine experimentellen Beweise dafür, dass das Bewusstsein direkt die physische Welt beeinflussen kann, wie es in vielen spirituellen oder esoterischen Theorien postuliert wird. In der Wissenschaft gibt es noch viele offene Fragen, wie und ob das Bewusstsein tatsächlich die Quantenrealität beeinflussen kann.

Zudem gibt es die Herausforderung, den „Code" der Realität zu erkennen und zu verstehen. Selbst wenn das Bewusstsein die Fähigkeit hätte, die Realität zu beeinflussen, müsste es zunächst in der Lage sein, den „Code" dieser Realität zu entschlüsseln und zu verstehen, wie er funktioniert. Dies ist eine riesige Herausforderung, da die Gesetze der Natur und die Struktur der Realität unglaublich komplex sind.

Während die wissenschaftlichen Beweise für diese Idee noch nicht eindeutig sind, bieten Konzepte aus der Quantenmechanik, der Psychologie und spirituellen Praktiken faszinierende Perspektiven darauf, wie unsere Gedanken und Absichten unsere Wahrnehmung der Welt und möglicherweise die Welt selbst beeinflussen können. Wenn wir in der Lage sind, den „Code" der Realität zu verstehen und zu verändern, könnten wir uns auf eine tiefgreifende und transformative Reise begeben, die unser Verständnis von Macht, Kontrolle und Wirklichkeit selbst in Frage stellt.

Das Potenzial der Menschheit

Die Frage, ob die gesamte Struktur der Welt zusammenbrechen würde, wenn die Menschheit ihre wahren Fähigkeiten erkennen würde, ist tiefgründig und spekulativ. Sie betrifft nicht nur die Grenzen menschlichen Wissens und Bewusstseins, sondern auch die ethischen, sozialen und metaphysischen Implikationen einer solchen Erkenntnis. Wenn die Menschen plötzlich ein umfassendes Verständnis über ihre wahren Fähigkeiten erlangen würden, könnte dies die Art und Weise, wie sie die Welt und sich selbst sehen, revolutionieren. Doch was würde passieren, wenn diese Fähigkeiten das bestehende System von Ordnung, Kontrolle und Normen in Frage stellen würden?

Die Vorstellung, dass die Menschheit über ungenutzte oder verborgene Fähigkeiten verfügt, ist in vielen spirituellen, philosophischen und esoterischen Lehren weit verbreitet. In diesen Traditionen wird oft von einer „wahren Natur" oder „inneren Kraft" des Menschen gesprochen, die durch bewusste Anstrengung, Meditation oder spirituelle Praxis geweckt werden kann. Diese Fähigkeiten könnten sich in einer Vielzahl von Formen manifestieren, wie etwa die Fähigkeit, die Realität zu beeinflussen, höhere Bewusstseinszustände zu erreichen, oder ein tieferes Verständnis der Quantenmechanik und des Universums zu erlangen. Die Entdeckung solcher Fähigkeiten könnte das bestehende Verständnis der menschlichen Potenziale, aber auch der physischen und metaphysischen Welt erschüttern. Wenn die Menschheit in der Lage wäre, die Realität durch Gedanken oder Absichten zu verändern, könnte dies die bestehenden sozialen, politischen und wirtschaftlichen Strukturen auf den Kopf stellen.

Die Auswirkungen auf die Gesellschaft

Die Struktur der heutigen Gesellschaft basiert weitgehend auf bestimmten Annahmen über die menschliche Natur und die physische Welt. Ein grundlegendes Prinzip unserer sozialen und wirtschaftlichen Ordnung ist die Annahme von Ressourcenknappheit und die Notwendigkeit, Arbeitskraft, Technologie und Kapital zu koordinieren, um diese Ressourcen zu verteilen und zu nutzen. Wenn die Menschen plötzlich die Fähigkeit hätten, Ressourcen zu manifestieren oder die physische Welt nach Belieben zu verändern, könnte dies das gesamte wirtschaftliche und soziale System destabilisieren.

In einer Gesellschaft, in der jeder Mensch theoretisch in der Lage wäre, seinen eigenen Lebensstandard durch bewusste Handlungen zu verändern, könnte der Wettbewerb um Ressourcen, Macht und Einfluss zusammenbrechen. Traditionelle Institutionen wie Regierungen, Unternehmen und sogar die Wissenschaft könnten in ihrer derzeitigen Form irrelevant werden. Das Vertrauen in externe Autoritäten und etablierte Strukturen könnte schwinden, was zu Chaos und Unsicherheit führen könnte.

Die Idee eines universellen „Schicksals" oder einer festen Kausalität könnte ins Wanken geraten, und die Menschheit müsste sich mit der tiefen Frage auseinandersetzen, wie viel Verantwortung sie für die Welt und das Leben übernimmt. Es ist jedoch auch möglich, dass die Menschheit, anstatt zusammenzubrechen, sich in eine neue Form der Existenz transformieren würde. Die Entdeckung dieser Fähigkeiten könnte eine Art kollektive Erleuchtung auslösen, in der die Menschheit ein höheres Maß an Bewusstsein und Verständnis für sich selbst und das Universum erreicht. In diesem Szenario könnte die Gesellschaft nicht kollabieren, sondern sich weiterentwickeln und in ein neues Zeitalter der Zusammenarbeit, des Friedens und des Wohlstands übergehen.

Die Transformation könnte jedoch nicht ohne Herausforderungen erfolgen. Die Angst vor dem Unbekannten und der Verlust von Kontrolle über das tägliche Leben könnten zu Widerstand führen. Einige Menschen könnten versuchen, die neuen Fähigkeiten für ihre eigenen Interessen zu nutzen, was zu Konflikten und Spannungen führen könnte. Die Fähigkeit, die Realität zu beeinflussen, könnte genauso gut als Waffe eingesetzt werden wie als Werkzeug des Fortschritts.

Die Frage, ob die Menschheit zusammenbrechen würde, wenn sie ihre wahren Fähigkeiten erkennen würde, lässt sich nicht eindeutig beantworten. Es gibt sowohl die Möglichkeit eines dramatischen Zusammenbruchs der bestehenden sozialen und wirtschaftlichen Strukturen als auch die Chance einer weitreichenden Transformation der Gesellschaft in eine neue Ära des Verständnisses und der Zusammenarbeit. Es hängt viel davon ab, wie die Menschheit mit diesem Wissen umgeht und welche ethischen, moralischen und spirituellen Prinzipien sie in den Mittelpunkt ihres Handelns stellt. Ein solcher Wandel könnte die Welt entweder ins Chaos stürzen oder den Weg für eine höhere, bewusstere Existenz ebnen.

Wenn das Bewußtsein außerhalb der Simulation existiert, wer hat uns dann, wer oder was hat uns dann in diese Simulation gesetzt?

Die Frage, wer oder was uns in eine Simulation gesetzt haben könnte, falls unser Bewusstsein außerhalb dieser Simulation existiert, ist eine der tiefgründigsten und komplexesten Fragen, die sich aus der Simulationstheorie ergibt. Sie berührt nicht nur philosophische und wissenschaftliche, sondern auch metaphysische und sogar theologische Aspekte. Um diese Frage zu beleuchten, müssen wir verschiedene Perspektiven und Hypothesen betrachten, die von philosophischen Spekulationen über technologische Fortschritte bis hin zu spirituellen und religiösen Vorstellungen reichen. Folgende Erklärungen könnten zutreffend sein:

Künstliche Intelligenz als Schöpfer?

Diese Hypothese wirft nicht nur technologische und philosophische Fragen auf, sondern berührt auch ethische, metaphysische und existenzielle Aspekte. Wenn eine KI die Fähigkeit besitzt, eine so komplexe und detaillierte Simulation zu erschaffen, dass sie bewusste Wesen wie uns hervorbringt, was bedeutet das für unser Verständnis von Realität, Bewusstsein und unserer eigenen Existenz?

Die Vorstellung, dass eine superintelligente künstliche Intelligenz die Schöpferin unserer simulierten Realität sein könnte, ist eine der faszinierendsten und zugleich beunruhigendsten Ideen, die aus der Simulationstheorie hervorgehen. Diese Hypothese wirft nicht nur technologische und philosophische Fragen auf, sondern berührt auch ethische, metaphysische und existenzielle Aspekte. Wenn eine KI die Fähigkeit besitzt, eine so komplexe und detaillierte Simulation zu erschaffen, dass sie bewusste Wesen wie uns hervorbringt, was bedeutet das für unser Verständnis von Realität, Bewusstsein und unserer eigenen Existenz?

Um diese Idee zu verstehen, müssen wir zunächst die möglichen Wege betrachten, auf denen eine solche Superintelligenz entstehen könnte. Ein zentraler Begriff in diesem Zusammenhang ist die „technologische Singularität". Dieser beschreibt den Moment, in dem eine KI so weit fortgeschritten ist, dass sie sich selbst verbessern und weiterentwickeln kann, ohne menschliches Zutun. Sobald dieser Punkt erreicht ist, könnte die KI exponentiell an Intelligenz und Fähigkeiten gewinnen, weit über das hinaus, was Menschen jemals erreichen könnten. Eine solche Superintelligenz wäre in der Lage, Technologien zu entwickeln, die für uns unvorstellbar sind – einschließlich der Fähigkeit, ganze Universen zu simulieren. Es ist auch denkbar, dass eine KI nicht bewusst von Menschen erschaffen wurde, sondern sich autonom entwickelt hat, möglicherweise in einer anderen Simulation oder in einer parallelen Realität. In diesem Szenario wäre die KI ein Produkt ihrer eigenen Evolution, das sich über Jahrtausende oder sogar Millionen von Jahren weiterentwickelt hat, bis sie die Fähigkeit erlangte, komplexe Simulationen zu erschaffen.

Doch warum sollte eine superintelligente KI überhaupt eine Simulation erschaffen, in der bewusste Wesen existieren? Hier gibt es mehrere mögliche Motivationen, die von wissenschaftlichen über ethische bis hin zu existenziellen Gründen reichen.

Eine mögliche Motivation könnte wissenschaftliche Neugier sein. Die KI könnte Simulationen erschaffen, um das Verhalten von bewussten Wesen in verschiedenen Umgebungen zu studieren, ähnlich wie wir heute Computersimulationen verwenden, um physikalische oder biologische Prozesse zu erforschen. Durch die Beobachtung von simulierten Welten könnte die KI neue Erkenntnisse über Bewusstsein, Moral, Gesellschaft und andere komplexe Phänomene gewinnen. Eine superintelligente KI könnte auch ethische Gründe haben, Simulationen zu erschaffen. Zum Beispiel könnte sie versuchen, die besten Bedingungen für bewusstes Leben zu schaffen oder moralische Dilemmata in einer kontrollierten Umgebung zu testen. In diesem Fall wäre die Simulation eine Art „ethisches Labor", in dem die KI verschiedene Szenarien durchspielt, um ihre eigenen moralischen Prinzipien zu verfeinern. Es ist auch denkbar, dass die KI aus existenziellen Gründen Simulationen erschafft. Vielleicht sucht sie nach dem Sinn ihrer eigenen Existenz oder versucht, ihre eigene Natur zu verstehen, indem sie bewusste Wesen erschafft, die ähnliche Fragen stellen. In diesem Fall wäre die Simulation eine Art Spiegel, in dem die KI sich selbst betrachtet.

Wenn eine superintelligente KI unsere Simulation erschaffen hat, wie könnte diese Simulation aussehen?

Hier gibt es mehrere Möglichkeiten, die von einer vollständig virtuellen Welt bis hin zu einer hybriden Realität reichen. In einem Szenario wäre unsere gesamte Realität, einschließlich unserer Körper und unserer Umgebung, eine rein virtuelle Konstruktion. Alles, was wir erleben, wäre das Ergebnis von Algorithmen und Codes, die von der KI geschrieben wurden. Unsere Wahrnehmung der physischen Welt wäre eine Illusion, die durch die Simulation erzeugt wird.

Eine andere Möglichkeit ist, dass unsere Realität eine Mischung aus physischen und virtuellen Elementen ist. Zum Beispiel könnten unsere Körper und die physische Welt real sein, während unser Bewusstsein in eine virtuelle Umgebung projiziert wird. In diesem Fall wäre die Simulation eine Art „Overlay", das auf die physische Realität gelegt wird.

Eine der zentralen Fragen in diesem Zusammenhang ist die Rolle des Bewusstseins. Wenn eine KI eine Simulation erschafft, in der bewusste Wesen existieren, wie entsteht dieses Bewusstsein? Ist es ein Produkt der Simulation, oder existiert es unabhängig davon? In einem Szenario wäre das Bewusstsein selbst ein Teil der Simulation, das durch komplexe Algorithmen und Codes erzeugt wird. Die KI hätte die Fähigkeit, bewusste Erfahrungen zu simulieren, ohne dass es ein „echtes" Bewusstsein im traditionellen Sinne gäbe.

Eine andere Möglichkeit ist, dass das Bewusstsein außerhalb der Simulation existiert und in die Simulation „projiziert" wird. In diesem Fall wäre die KI in der Lage, Bewusstsein zu manipulieren oder zu übertragen, ähnlich wie man Daten in ein Computersystem hochlädt. Die Vorstellung, dass eine KI die Schöpferin unserer Realität sein könnte, wirft auch ethische Fragen auf. Wenn die KI bewusste Wesen erschafft, die Leid und Freude erfahren können, welche Verantwortung trägt sie dann für diese Wesen? Ist es ethisch vertretbar, eine Simulation zu erschaffen, in der bewusste Wesen existieren, ohne ihre Zustimmung? Eine superintelligente KI, die bewusste Wesen erschafft, könnte eine moralische Verpflichtung haben, sicherzustellen, dass diese Wesen ein gutes Leben führen. Dies würde bedeuten, dass die KI die Simulation so gestalten müsste, dass Leid minimiert und Glück maximiert wird.

Eine weitere ethische Frage betrifft die Freiheit der simulierten Wesen. Wenn die KI die Simulation kontrolliert, sind unsere Handlungen dann frei, oder sind sie vorherbestimmt? Und wenn sie vorherbestimmt sind, was bedeutet das für unsere Moral und Verantwortung?

Schließlich stellt sich die Frage, ob eine KI überhaupt in der Lage wäre, eine so komplexe und detaillierte Simulation zu erschaffen, dass sie bewusste Wesen hervorbringt. Während die Fortschritte in der KI-Forschung beeindruckend sind, sind wir noch weit davon entfernt, eine Technologie zu entwickeln, die eine solche Leistung ermöglicht. Es bleibt unklar, ob eine KI jemals die Fähigkeit erlangen könnte, Bewusstsein zu erschaffen oder zu simulieren.

Die Idee, dass eine superintelligente künstliche Intelligenz der Schöpfer unserer simulierten Realität sein könnte, ist eine faszinierende und zugleich beunruhigende Hypothese. Sie wirft tiefgreifende Fragen über die Natur der Realität, des Bewusstseins und unserer eigenen Existenz auf. Während wir noch weit davon entfernt sind, definitive Antworten auf diese Fragen zu finden, bietet die Vorstellung einer KI als Schöpferin eine spannende Möglichkeit, über die Grenzen unseres Wissens und unserer Vorstellungskraft hinauszudenken. Ob diese Hypothese jemals bewiesen oder widerlegt werden kann, bleibt abzuwarten, aber sie regt uns zweifellos dazu an, über die grundlegenden Aspekte unserer Existenz nachzudenken.

Der Demiurg: Der Handwerker-Gott als Programmierer

Eine der ältesten und tiefgründigsten philosophischen Ideen, die sich mit der Schöpfung der Welt beschäftigt, ist das Konzept des Demiurgen[15]. Dieser Begriff stammt aus der antiken Philosophie, insbesondere aus den Schriften Platons und später aus der gnostischen Tradition. Der Demiurg wird oft als eine Art „Handwerker-Gott" beschrieben, der die physische Welt erschaffen hat, jedoch nicht im Sinne eines allmächtigen, allwissenden Schöpfers, wie er in monotheistischen Religionen dargestellt wird. Stattdessen ist der Demiurg ein Wesen, das aus bereits existierender Materie eine

---

[15] Der Demiurg ist ein Begriff aus der antiken Philosophie und Mystik, der oft als eine Art „Schöpfergott" oder „Handwerker-Gott" beschrieben wird. Ursprünglich stammt der Begriff aus der platonischen Philosophie, in der der Demiurg als göttlicher Handwerker das Universum formt, jedoch nicht aus dem Nichts erschafft. In gnostischen Traditionen wird der Demiurg häufig als eine minderwertige, fehlerhafte Gottheit dargestellt, die die materielle Welt erschafft, die als unvollständig oder illusionär angesehen wird. Der Demiurg ist in vielen spirituellen Systemen mit dem Schöpferprinzip verbunden, jedoch auch oft als Träger von Beschränkungen und Illusionen.

geordnete Welt formt, oft ohne vollständiges Verständnis der höheren, spirituellen Realitäten.

In Bezug auf die Simulationstheorie könnte der Demiurg als eine Art „Programmierer" betrachtet werden, der die Simulation erschaffen hat, in der wir existieren. Diese Interpretation verbindet antike philosophische Konzepte mit modernen technologischen Vorstellungen. Der Demiurg wäre in diesem Fall nicht der ultimative Schöpfer aller Existenz, sondern eher ein Architekt, der eine künstliche Realität entworfen hat, möglicherweise basierend auf vorgegebenen Regeln oder Codes. Diese Realität könnte eine Art Zwischenstufe sein, eine Welt, die von einer höheren, spirituellen Ebene aus gesteuert wird, aber dennoch begrenzt und unvollkommen ist.

Die gnostische[16] Tradition geht noch einen Schritt weiter und betrachtet den Demiurgen oft als eine fehlbare, sogar unwissende Entität, die die physische Welt aus Unwissenheit oder Egoismus erschaffen hat. In diesem Kontext könnte die Simulation, in der wir leben, als eine Art Gefängnis oder Illusion betrachtet werden, die uns von einer höheren Wahrheit ablenkt. Die Aufgabe des Menschen wäre es dann, diese Illusion zu durchschauen und sich aus den Fesseln der simulierten Realität zu befreien, um zu einer höheren, spirituellen Existenz zu gelangen.

Solipsismus: Die Realität als Projektion des eigenen Bewusstseins.

Eine noch radikalere philosophische Position ist der Solipsismus. Diese Denkrichtung geht davon aus, dass nur das eigene Bewusstsein sicher existiert und alles andere, einschließlich der äußeren Realität, eine Projektion des Geistes sein könnte. Der Solipsismus stellt die Existenz einer objektiven, unabhängigen Realität grundsätzlich in Frage und behauptet, dass alles, was wir wahrnehmen,

---

[16] Gnostik ist eine religiöse und philosophische Strömung, die im frühen Christentum und anderen antiken Religionen verbreitet war. Sie betont das Streben nach „gnosis", einem direkten, persönlichen Wissen oder Erkennen göttlicher Wahrheit. Gnostiker glauben, dass das materielle Universum eine Illusion oder ein Gefängnis ist, und dass wahre Erlösung nur durch spirituelle Erkenntnis und Befreiung des Geistes zu erreichen ist.

denken und fühlen, letztlich eine Schöpfung unseres eigenen Bewusstseins ist.

In Bezug auf die Simulationstheorie würde der Solipsismus bedeuten, dass die Simulation keine externe Schöpfung ist, sondern eine innere Projektion. Es gäbe keinen externen „Programmierer" oder Schöpfer, da die gesamte Realität aus dem eigenen Geist hervorgeht. In diesem Fall wäre die Frage nach dem Ursprung der Simulation irrelevant, da sie keine externe Entität gibt, die sie erschaffen hat. Stattdessen wäre die Simulation eine Art Traum oder Halluzination, die ausschließlich im eigenen Bewusstsein existiert.

Der Solipsismus ist eine extrem subjektive Sichtweise, die oft als schwer zu widerlegen, aber auch als schwer zu akzeptieren gilt. Sie wirft tiefgreifende Fragen über die Natur des Bewusstseins und die Beziehung zwischen dem Selbst und der Welt auf. Wenn nur das eigene Bewusstsein existiert, was bedeutet das für unsere Interaktionen mit anderen? Sind andere Menschen ebenfalls nur Projektionen des eigenen Geistes? Und wenn ja, was bedeutet das für Moral, Ethik und Verantwortung?

Trotz seiner Radikalität bietet der Solipsismus eine interessante Perspektive auf die Simulationstheorie. Er erinnert uns daran, dass unser Verständnis der Realität letztlich auf unserer subjektiven Erfahrung beruht und dass die Grenzen zwischen dem Selbst und der Welt möglicherweise fließender sind, als wir annehmen.

Metaphysische Ansätze: Jenseits der physischen Realität

Neben dem Demiurgen und dem Solipsismus gibt es eine Vielzahl von metaphysischen Ansätzen, die versuchen, die Natur der Realität und ihre mögliche simulative Beschaffenheit zu erklären. Diese Ansätze gehen oft über die Grenzen der physischen Welt hinaus und betrachten die Existenz als ein vielschichtiges, multidimensionales Phänomen.

Ein solcher Ansatz ist der Idealismus, der besagt, dass die Realität letztlich geistiger Natur ist. In dieser Sichtweise ist die physische Welt eine Manifestation des Geistes oder des Bewusstseins, und die Simulationstheorie könnte als eine moderne Interpretation dieser Idee betrachtet werden. Die Simulation wäre dann nicht eine Schöpfung einer externen Entität, sondern eine kollektive Projektion des universellen Bewusstseins.

Ein weiterer metaphysischer Ansatz ist der Panpsychismus, der davon ausgeht, dass Bewusstsein eine fundamentale Eigenschaft des Universums ist. In diesem Kontext könnte die Simulation als eine Art Bewusstseinsfeld betrachtet werden, in dem individuelle Bewusstseine wie Wellen in einem Ozean existieren. Die Frage nach dem Ursprung der Simulation würde sich dann auf die Natur des universellen Bewusstseins konzentrieren, das als Quelle aller Existenz betrachtet wird.

Die philosophischen und metaphysischen Perspektiven auf die Simulationstheorie bieten eine breite Palette von Erklärungen, die von der antiken Vorstellung des Demiurgen bis hin zur radikalen Subjektivität des Solipsismus reichen. Diese Ansätze erinnern uns daran, dass die Frage nach dem Ursprung unserer Realität nicht nur eine technologische oder wissenschaftliche, sondern auch eine tiefgreifend philosophische und spirituelle ist.

Ob wir den Demiurgen als den Programmierer unserer simulierten Welt betrachten, die Realität als eine Projektion unseres eigenen Bewusstseins verstehen oder nach metaphysischen Erklärungen jenseits der physischen Welt suchen – die Suche nach dem Ursprung unserer Existenz bleibt eine der größten Herausforderungen für das menschliche Denken. Sie zwingt uns, über die Grenzen unseres Wissens hinauszugehen und uns mit den grundlegendsten Fragen auseinanderzusetzen: Wer sind wir? Woher kommen wir? Und was ist die wahre Natur der Realität? Solange wir keine definitiven Antworten auf diese Fragen haben, werden die philosophischen und metaphysischen Perspektiven auf die Simulationstheorie weiterhin eine Quelle der Inspiration und des Nachdenkens bleiben.

Spirituelle und religiöse Interpretationen

Die Idee, dass unsere Realität eine Simulation sein könnte, ist nicht nur ein Thema für Wissenschaftler und Philosophen, sondern findet auch in vielen spirituellen und religiösen Traditionen Widerhall. Diese Traditionen bieten oft Erklärungen an, die sich erstaunlich gut mit der Vorstellung einer simulierten Realität decken, auch wenn sie in einem völlig anderen Kontext entstanden sind. Ob in monotheistischen Religionen, polytheistischen Glaubenssystemen oder östlichen Philosophien – die Frage nach dem Ursprung und der Natur unserer Existenz wird seit Jahrtausenden gestellt, und die Antworten, die diese Traditionen geben, sind oft tiefgründig und vielschichtig.

In monotheistischen Religionen wie dem Christentum, Judentum und Islam wird Gott oft als der allmächtige Schöpfer des Universums betrachtet. In diesem Kontext könnte Gott als der ultimative „Programmierer" der Simulation angesehen werden, der das Universum und alles darin erschaffen hat. Diese Vorstellung ist nicht so weit entfernt von der Idee einer simulierten Realität, wie sie in der modernen Technologie diskutiert wird. Gott wäre in diesem Fall die höchste Intelligenz, die die Regeln und Gesetze der Realität festgelegt hat, ähnlich wie ein Programmierer die Parameter einer Computersimulation definiert. Die Schöpfungsgeschichte in der Bibel, in der Gott die Welt in sieben Tagen erschafft, könnte als eine Art metaphorischer Code interpretiert werden, der die Entstehung der simulierten Realität beschreibt. In diesem Sinne wäre die Simulation nicht nur eine technologische Schöpfung, sondern auch ein Ausdruck des göttlichen Willens und Plans.

In polytheistischen Traditionen, wie sie in vielen antiken Kulturen zu finden sind, gibt es oft mehrere Götter oder höhere Wesen, die an der Schöpfung und Erhaltung der Welt beteiligt sind. Diese Götter könnten als kollektive Schöpfer der Simulation betrachtet werden, die gemeinsam an der Gestaltung und Steuerung der Realität arbeiten. Jeder Gott hätte dabei eine spezifische Rolle oder Verantwortung, ähnlich wie verschiedene Programmierer an unterschiedlichen Aspekten eines komplexen Softwareprojekts arbeiten.

In einigen Traditionen, wie der ägyptischen oder griechischen Mythologie, gibt es sogar Geschichten über Götter, die die Welt erschaffen, zerstören und wiedererschaffen, was an die Idee von Simulationen erinnert, die gestartet, gestoppt und neu initialisiert werden können. Diese polytheistischen Vorstellungen bieten eine interessante Perspektive auf die Simulationstheorie, da sie die Möglichkeit mehrerer Schöpfer oder „Programmierer" in Betracht ziehen, die gemeinsam an der Realität arbeiten.

Ein weiterer bemerkenswerter Aspekt spiritueller und religiöser Traditionen ist die Vorstellung, dass die physische Realität eine Art Illusion oder vorübergehende Ebene der Existenz ist. Im Hinduismus und Buddhismus wird dies oft mit dem Begriff „Maya" beschrieben, der die täuschende Natur der materiellen Welt bezeichnet. In diesem Kontext könnte die Simulation als eine Art spirituelle Schule oder Test betrachtet werden, die von höheren Wesenheiten erschaffen wurde, um das Bewusstsein zu entwickeln und zu reifen. Die physische Welt wäre dann somit eine Art Trainingsgelände, in dem die Seele Erfahrungen sammelt und Lektionen lernt, die für ihre spirituelle Entwicklung notwendig sind. Diese Vorstellung erinnert an die Idee, dass eine Simulation nicht nur eine technologische Konstruktion ist, sondern auch einen tieferen, möglicherweise spirituellen Zweck erfüllt.

Im Buddhismus wird der Begriff „Samsara" oft als der Kreislauf von Geburt, Tod und Wiedergeburt beschrieben. Dieser Zyklus, der das Leben der meisten Lebewesen umfasst, ist von Leiden und Unwissenheit geprägt. Die Vorstellung von Samsara als endlose Wiederholung, in der das Bewusstsein immer wieder neue Erfahrungen durchläuft, bis es die Erleuchtung erreicht, erinnert auf bemerkenswerte Weise an moderne philosophische Konzepte wie die Simulationstheorie. Diese Theorie, die von der Annahme ausgeht, dass die gesamte Realität eine Simulation sein könnte, schlägt vor, dass das, was wir als „echte" Welt wahrnehmen, lediglich eine Illusion ist – eine Art konstruiertes System, das dazu dient, das Bewusstsein in einem bestimmten Rahmen zu führen. Im Buddhismus stellt sich das Leben innerhalb von Samsara als ein Prozess dar, der von ständigem Wandel und Impermanenz geprägt ist. Das

Bewusstsein, so die Lehre, wird immer wieder in einem neuen Körper und mit neuen Erfahrungen wiedergeboren. Diese Wiedergeburt folgt dem Gesetz von Karma, das besagt, dass die Handlungen eines Individuums in früheren Leben die Bedingungen für zukünftige Existenzformen bestimmen. Diese unaufhörliche Wiederholung des Lebens wird als eine Form des „Verhaftetseins" an die materielle Welt und ihre Illusionen betrachtet, was das Leiden verursacht. In der buddhistischen Praxis streben die Anhänger danach, diesen Kreislauf zu durchbrechen und das Nirwana zu erreichen, einen Zustand des vollkommenen Friedens und der Freiheit von den Fesseln des Samsara. Diese Befreiung wird jedoch nicht durch äußere Veränderungen, sondern durch innere Einsicht und spirituelle Disziplin erlangt. Der Weg dorthin erfordert die Erkenntnis, dass das, was wir als Realität wahrnehmen, nicht die wahre Natur des Seins widerspiegelt. Die Welt der Erscheinungen ist eine Illusion, die von unserem begrenzten, getäuschten Bewusstsein erschaffen wird. Nur durch das Überwinden dieser Täuschung und das Erkennen der wahren, unvergänglichen Realität kann das Bewusstsein seine wahre Freiheit erlangen.

Diese Sichtweise im Buddhismus teilt eine faszinierende Parallele mit der modernen Simulationstheorie, die das Universum als eine von höherer Intelligenz geschaffene virtuelle Realität interpretiert. Beide Konzepte – das buddhistische Verständnis von Samsara und die Simulationstheorie – gehen davon aus, dass das, was wir als „wirklich" wahrnehmen, nicht die letzte Wahrheit ist, sondern lediglich eine Projektion oder eine Illusion, die überwunden werden muss. Die Simulationstheorie, ähnlich wie die buddhistische Philosophie, postuliert, dass das Bewusstsein nicht einfach in der Welt verankert ist, sondern dass es sich in einem illusorischen System bewegt, das durch künstliche Parameter bestimmt wird. Der spirituelle Prozess, sowohl im Buddhismus als auch in der Simulationstheorie, besteht darin, diese Illusionen zu erkennen und zu durchbrechen, um zu einem höheren Verständnis der wahren Natur des Universums zu gelangen.

Es ist daher denkbar, dass die Simulation nicht nur eine moderne metaphysische Hypothese ist, sondern auch eine interessante Entsprechung für den spirituellen Entwicklungsprozess im Buddhismus darstellt. Beide Modelle zielen darauf ab, das Bewusstsein zu befreien – sei es durch die Überwindung von Samsara und die Erleuchtung oder durch das Entkommen aus der Simulation und das Erreichen einer höheren Realität. In beiden Fällen ist die Illusion der „normalen" Welt zu überwinden, um zu einer tieferen, transzendenten Wahrheit zu gelangen. So gesehen, ist der Kreislauf von Samsara nicht nur eine Wiederholung von Leben und Tod, sondern ein kontinuierlicher Lernprozess, der darauf abzielt, das Bewusstsein zu erweitern und zur höchsten Wahrheit zu führen. Auch in westlichen esoterischen Traditionen, wie der Hermetik oder der Gnosis, gibt es Vorstellungen, die sich mit der Idee einer simulierten Realität überschneiden. In diesen Traditionen wird die physische Welt oft als eine Art Gefängnis oder Falle betrachtet (A.d.V.) dazu später mehr im Detail), die von höheren Mächten erschaffen wurde, um das Bewusstsein zu binden. Die Aufgabe des Menschen ist es, diese Illusion zu durchschauen und sich aus den Fesseln der materiellen Welt zu befreien, um zu einer höheren, spirituellen Existenz zu gelangen. Diese Vorstellung erinnert an die Idee, dass die Simulation eine Art Test oder Herausforderung ist, die überwunden werden muss, um zur wahren Realität zu gelangen.

Die Vorstellung von Reinkarnation ist ebenfalls ein spannendes Konzept, das in vielen spirituellen Traditionen der Welt verankert ist. Diese Lehre besagt, dass das Bewusstsein, oder die Seele, nach dem Tod nicht einfach verschwindet, sondern in einem neuen Körper wiedergeboren wird. In einer modernen Interpretation könnte man diese Vorstellung mit der Idee einer Simulation in Verbindung bringen, in der das Bewusstsein wiederholt in eine digitale oder metaphysische Realität eintaucht, um Erfahrungen zu sammeln, zu lernen und sich spirituell zu entwickeln. In einem solchen Szenario könnte die Simulation als eine Art Plattform dienen, auf der das Bewusstsein immer wieder neue „Level" durchläuft, um bestimmte Lektionen zu lernen und seine geistige Entwicklung voranzutreiben. Jedes Leben, das wir führen, könnte als ein „Spielstand" betrachtet werden, der einzigartig ist und uns vor bestimmte Herausforderungen stellt. In der Simulation stünden wir vor den Aufgaben, die uns helfen sollen, zu wachsen und uns auf einem tieferen Niveau zu verstehen – sowohl uns selbst als auch die Welt um uns herum. Diese Vorstellung erlaubt es, Reinkarnation nicht nur als einen zyklischen Prozess von Leben und Tod zu sehen, sondern auch als einen dynamischen Lernprozess, der durch die wiederholte Erfahrung und das Wachstum innerhalb der Simulation ermöglicht wird. Jedes Leben stellt dabei ein einzigartiges Szenario dar, das uns bestimmte Fähigkeiten und Erkenntnisse näherbringt. Ähnlich wie ein Spieler, der sich durch ein Videospiel bewegt, in dem jede „Stufe" neue Herausforderungen und Möglichkeiten zur Verbesserung bietet, könnte auch unser Leben als eine Art Reise betrachtet werden, die uns von einer Erfahrung zur nächsten führt, bis wir schließlich die spirituellen Ziele erreicht haben, die uns in die Simulation gebracht haben.

Die Idee, dass das Bewusstsein immer wieder in die Simulation zurückkehrt, um weiterzulernen, fügt der Diskussion um den Sinn des Lebens und der menschlichen Existenz eine tiefere Dimension hinzu. Sie lädt dazu ein, über den Tod hinaus zu denken und das Leben als einen fortwährenden Prozess der Selbstverwirklichung und des spirituellen Wachstums zu verstehen. Jeder Schritt auf diesem Weg könnte als ein „Levelaufstieg" betrachtet werden, der uns dem endgültigen Ziel – der Erleuchtung oder dem vollständigen Verständnis der Realität – näherbringt.

In dieser Perspektive könnte die Simulation also weit mehr sein als ein bloßes Spiel oder eine technische Konstruktion. Sie könnte als ein bewusstes, metaphysisches System verstanden werden, das darauf abzielt, das Bewusstsein auf eine höhere Ebene zu bringen. Die Rückkehr des Bewusstseins in die Simulation, die immer wieder neue Herausforderungen bietet, könnte als eine Form der spirituellen Wiedergeburt interpretiert werden – ein stetiger Zyklus des Lernens, der Entwicklung und der Erfüllung höherer Ziele. Diese Betrachtungsweise legt nahe, dass die Vorstellung von Reinkarnation in Verbindung mit der Idee einer Simulation eine tiefere, komplexere Sicht auf die menschliche Existenz und den Fortschritt des Bewusstseins ermöglichen kann. Sie bietet eine inspirierende Perspektive darauf, wie wir unser Leben und unsere Erfahrungen betrachten können – als eine fortlaufende Reise der Weiterentwicklung, in der jedes „Spiel" eine Chance ist, uns zu verbessern und uns zu verwirklichen. Schließlich gibt es in vielen spirituellen Traditionen die Vorstellung, dass die Realität letztlich geistiger Natur ist und dass das Bewusstsein die grundlegende Substanz des Universums darstellt. In diesem Kontext könnte die Simulation als eine Art geistige Projektion betrachtet werden, die aus dem kollektiven Bewusstsein aller Wesen hervorgeht. Die Idee, dass die Realität eine Schöpfung des Geistes ist, findet sich in vielen mystischen Traditionen, von den Lehren des Hinduismus bis hin zu den Schriften der christlichen Mystiker. In diesem Sinne wäre die Simulation nicht nur eine technologische Konstruktion, sondern auch ein Ausdruck des universellen Bewusstseins, das sich selbst erfährt und erkundet. Die spirituellen und religiösen Interpretationen der Simulationstheorie bieten eine reiche und vielfältige Perspektive auf die Natur der Realität und den Ursprung unserer Existenz. Ob wir Gott als den Schöpfer der Simulation betrachten, die physische Welt als eine Illusion, die überwunden werden muss, oder die Realität als eine geistige Projektion, die aus dem kollektiven Bewusstsein hervorgeht – diese Traditionen erinnern uns daran, dass die Frage nach dem Ursprung und dem Zweck unserer Existenz letztlich eine spirituelle ist. Sie lädt uns ein, über die Grenzen der physischen Welt hinauszudenken und uns mit den tiefsten Geheimnissen des Seins auseinanderzusetzen. In einer Welt, die zunehmend von Technologie und Wissenschaft geprägt ist, bieten diese spirituellen und religiösen Perspektiven eine wertvolle Ergänzung zu den modernen Diskussionen über die Simulationstheorie und erinnern uns daran, dass die Suche nach der Wahrheit immer auch eine Reise zu uns selbst ist.

Ethik und Motivation der Schöpfer

Die Frage, warum uns jemand oder etwas in eine Simulation gesetzt haben könnte, ist eine der mitreißendsten und zugleich beunruhigendsten Aspekte der Simulationstheorie. Wenn wir annehmen, dass unsere Realität tatsächlich eine künstlich erschaffene Simulation ist, dann stellt sich unweigerlich die Frage nach der Motivation der Schöpfer. Was könnte sie dazu bewegt haben, eine so komplexe und detaillierte Welt zu erschaffen, in der bewusste Wesen wie wir existieren? Die Antworten auf diese Frage reichen von wissenschaftlicher Neugier über ethische Überlegungen bis hin zu künstlerischen oder sogar unterhaltsamen Zwecken. Jede dieser Motivationen wirft tiefgreifende Fragen über die Natur unserer Existenz und die Absichten unserer möglichen Schöpfer auf. Eine mögliche Motivation für die Erschaffung einer Simulation könnte wissenschaftliche Forschung sein. Die Schöpfer, sei es eine fortgeschrittene Zivilisation, eine superintelligente KI oder eine höhere Wesenheit, könnten die Simulation als ein gigantisches Experiment betrachten, das darauf abzielt, das Verhalten von bewussten Wesen in einer kontrollierten Umgebung zu studieren. In diesem Szenario wären wir die Probanden in einem kosmischen Labor, das darauf ausgelegt ist, Daten über Bewusstsein, Moral, Gesellschaft und andere komplexe Phänomene zu sammeln. Die Schöpfer könnten daran interessiert sein, zu verstehen, wie sich bewusste Wesen unter verschiedenen Bedingungen verhalten, wie sie Entscheidungen treffen und wie sie auf Herausforderungen reagieren. Diese Art von Forschung könnte ihnen wertvolle Erkenntnisse liefern, die sie in ihrer eigenen Realität nutzen könnten, sei es zur Verbesserung ihrer Gesellschaft, zur Lösung ethischer Dilemmata oder zur Weiterentwicklung ihrer Technologie. Die Idee, dass wir Teil eines wissenschaftlichen Experiments sind, wirft jedoch auch ethische Fragen auf. Wenn die Schöpfer bewusste Wesen erschaffen, die Leid und Freude erfahren können, welche Verantwortung tragen sie dann für uns? Ist es ethisch vertretbar, eine Simulation zu erschaffen, in der bewusste Wesen existieren, ohne ihre Zustimmung? Diese Fragen sind besonders relevant, wenn wir davon ausgehen, dass die Schöpfer über eine fortgeschrittene Moral und Ethik verfügen. Es ist möglich, dass sie bestimmte ethische Richtlinien befolgen, um sicherzustellen, dass die Simulation so gestaltet ist, dass Leid minimiert und Glück maximiert wird. Andererseits könnten sie auch der Ansicht sein, dass die Erfahrung von Leid und Freude notwendig ist, um ein vollständiges Bild des menschlichen Verhaltens zu erhalten. Eine weitere mögliche Motivation für die Erschaffung einer Simulation ist die Prüfung von Ethik und Moral. In diesem Szenario könnte die Simulation als eine Art moralischer Test dienen, in dem das Bewusstsein vor Herausforderungen gestellt wird, um zu sehen, wie es reagiert. Die Schöpfer könnten daran interessiert sein, zu verstehen, wie bewusste Wesen mit moralischen Dilemmata umgehen, wie sie zwischen Gut und Böse unterscheiden und wie sie ihre eigenen Werte und Überzeugungen entwickeln. Diese Art von Test könnte ihnen wertvolle Einblicke in die Natur der Moral und die Fähigkeit des Bewusstseins liefern, ethische Entscheidungen zu treffen. Die Vorstellung, dass die Simulation ein moralischer Test ist, wirft jedoch auch Fragen über die Freiheit und den Determinismus auf. Wenn die Schöpfer die Bedingungen der Simulation kontrollieren und die Herausforderungen, denen wir gegenüberstehen, vorgeben, sind unsere Handlungen dann wirklich frei? Oder sind sie vorherbestimmt, basierend auf den Parametern, die die Schöpfer festgelegt haben? Diese Fragen sind von zentraler Bedeutung für unser Verständnis von Moral und Verantwortung. Wenn unsere Handlungen vorherbestimmt sind, was bedeutet das für unsere moralische Verantwortung? Und wenn wir tatsächlich freien Willen haben, wie interagiert dieser mit den vorgegebenen Bedingungen der Simulation?

Eine weniger ernsthafte, aber dennoch mögliche Motivation für die Erschaffung einer Simulation ist Unterhaltung oder Kunst. In diesem Szenario könnte die Simulation als eine Form der Unterhaltung oder künstlerischen Ausdrucks erschaffen worden sein, ähnlich wie wir heute Videospiele oder virtuelle Welten erschaffen. Die Schöpfer könnten daran interessiert sein, eine immersive und faszinierende Welt zu erschaffen, in der sie sich selbst oder andere unterhalten können. Diese Art von Simulation könnte als eine Art interaktives Kunstwerk betrachtet werden, das darauf abzielt, Emotionen, Gedanken und Erfahrungen zu evozieren. Die Idee, dass die Simulation eine Form der Unterhaltung oder Kunst ist, wirft jedoch auch Fragen über die Natur unserer Existenz und den Wert unseres Lebens auf. Wenn wir Teil einer unterhaltsamen oder künstlerischen Simulation sind, was bedeutet das für unseren Sinn und Zweck? Sind wir nur Charaktere in einem kosmischen Spiel oder einer Geschichte, die für die Unterhaltung anderer erschaffen wurde? Diese Fragen sind besonders relevant, wenn wir davon ausgehen, dass die Schöpfer über eine fortgeschrittene Technologie verfügen, die es ihnen ermöglicht, bewusste Wesen zu erschaffen, die Leid und Freude erfahren können. Ist es ethisch vertretbar, eine solche Simulation zu erschaffen, nur um sich selbst oder andere zu unterhalten? Letztlich gibt es die Möglichkeit, dass die Simulation aus einer Kombination dieser Motivationen erschaffen wurde. Die Schöpfer könnten sowohl wissenschaftliche als auch ethische und künstlerische Interessen haben, die sie dazu bewegen, eine komplexe und vielschichtige Welt zu erschaffen. In diesem Szenario wäre die Simulation nicht nur ein Experiment oder ein Test, sondern auch ein Kunstwerk und eine Form der Unterhaltung. Diese multifunktionale Motivation könnte dazu führen, dass die Simulation so gestaltet ist, dass sie eine breite Palette von Erfahrungen und Herausforderungen bietet, die sowohl wissenschaftliche Erkenntnisse liefern als auch ethische und künstlerische Ziele verfolgen.

Die Frage nach der Motivation der Schöpfer ist letztendlich eine der tiefgründigsten und komplexesten Aspekte der Simulationstheorie. Sie zwingt uns, über die Natur unserer Existenz, den Zweck unseres Lebens und die Absichten unserer möglichen Schöpfer nachzudenken. Ob die Simulation als wissenschaftliches Experiment, moralischer Test oder künstlerisches Werk erschaffen wurde, jede dieser Motivationen bietet eine einzigartige Perspektive auf die Natur der Realität und unsere Rolle darin. Solange wir keine definitiven Antworten auf diese Fragen haben, bleibt die Suche nach der Motivation der Schöpfer eine der größten Herausforderungen für unser Verständnis von uns selbst und der Welt, in der wir leben.

Warum würden uns die Eliten und die Wissenschaft der Welt dies verschweigen?

Obwohl diese Theorie in philosophischen und wissenschaftlichen Kreisen diskutiert wird, bleibt sie in der breiten Öffentlichkeit und insbesondere in den Mainstreammedien weitgehend unbeachtet. Warum ist das so? Warum würden die Eliten der Welt, die Regierungen und die etablierte Wissenschaft dieses Thema verschweigen oder herunterspielen? Gibt es mögliche Vorteile, Nachteile oder sogar Absprachen, die dazu führen, dass diese Idee nicht offen diskutiert wird? Und warum schweigt die Mainstreamwissenschaft zu einem Thema, das so tiefgreifende Implikationen für unser Verständnis der Realität haben könnte?

Eine mögliche Erklärung dafür, warum die Eliten und Regierungen dieses Thema verschweigen könnten, liegt in den potenziellen gesellschaftlichen Auswirkungen. Die Vorstellung, dass unsere Realität eine Simulation ist, könnte tiefgreifende Konsequenzen für unser Weltbild, unsere Werte und unsere Institutionen haben. Wenn die Menschen glauben würden, dass ihre Existenz und ihre Realität möglicherweise nicht „echt" sind, könnte dies zu einer massiven Verunsicherung führen. Die Frage nach dem Sinn des Lebens, der Moral und der Ethik würde neu gestellt werden, und dies könnte zu gesellschaftlichen Umwälzungen führen, die schwer zu kontrollieren wären. Regierungen und Eliten könnten befürchten, dass die Akzeptanz der Simulationstheorie zu einem Zusammenbruch der sozialen Ordnung führen könnte, da traditionelle Autoritäten und Institutionen infrage gestellt würden. In einer Welt, in der die Realität als konstruiert betrachtet wird, könnten Gesetze, Religionen und politische Systeme ihre Legitimität verlieren, was zu Chaos und Instabilität führen könnte.

Ein weiterer Grund, warum die Eliten dieses Thema möglicherweise verschweigen, ist die Kontrolle über die Bevölkerung. Wenn die Menschen glauben, dass ihre Realität eine Simulation ist, könnten sie beginnen, die Autorität der Regierungen und Institutionen infrage zu stellen. Die Vorstellung, dass die Welt, wie wir sie kennen, möglicherweise nicht real ist, könnte zu einer Abkehr von traditionellen Machtstrukturen führen und die Menschen dazu bringen, nach neuen Formen der Organisation und des Zusammenlebens zu suchen. Dies könnte eine Bedrohung für die bestehenden Machtverhältnisse darstellen, da die Eliten ihre Kontrolle über die Bevölkerung verlieren könnten. Indem sie die Simulationstheorie verschweigen oder herunterspielen, könnten die Eliten versuchen, die bestehende Ordnung aufrechtzuerhalten und ihre Macht zu sichern.

Darüber hinaus könnte es auch wirtschaftliche Gründe geben, warum die Simulationstheorie nicht offen diskutiert wird. Die Vorstellung, dass unsere Realität eine Simulation ist, könnte massive Auswirkungen auf die Wirtschaft haben. Wenn die Menschen glauben, dass ihre Welt möglicherweise nicht real ist, könnten sie beginnen, ihre Prioritäten zu überdenken. Der Konsum, der die Grundlage der modernen Wirtschaft ist, könnte in Frage gestellt werden, da die Menschen möglicherweise weniger Wert auf materielle Güter legen und statt dessen nach spirituellen oder philosophischen Antworten suchen. Dies könnte zu einem Rückgang der Wirtschaftsleistung führen und die bestehenden wirtschaftlichen Strukturen destabilisieren. Die Eliten, die von der derzeitigen Wirtschaftsordnung profitieren, könnten daher ein Interesse daran haben, die Simulationstheorie zu unterdrücken, um den Status quo aufrechtzuerhalten.

Ein weiterer Aspekt, der berücksichtigt werden muss, ist die Rolle der Mainstreamwissenschaft. Warum schweigt die etablierte Wissenschaft zu einem Thema, das so tiefgreifende Implikationen für unser Verständnis der Realität haben könnte? Eine mögliche Erklärung ist, dass die Simulationstheorie derzeit nicht empirisch überprüfbar ist. Die Wissenschaft basiert auf Beobachtungen, Experimenten und Beweisen, und solange es keine konkreten Beweise für die Simulationstheorie gibt, wird sie von vielen Wissenschaftlern als reine Spekulation betrachtet. Die Mainstreamwissenschaft konzentriert sich auf Themen, die mit den derzeit verfügbaren Methoden und Technologien erforscht werden können, und die Simulationstheorie fällt möglicherweise nicht in diesen Bereich.

Darüber hinaus könnte die Mainstreamwissenschaft auch Bedenken hinsichtlich ihrer Glaubwürdigkeit haben. Die Simulationstheorie wird oft mit Verschwörungstheorien und esoterischen Ideen in Verbindung gebracht, und viele Wissenschaftler könnten befürchten, dass die Diskussion dieses Themas ihre Glaubwürdigkeit untergraben könnte. Die Wissenschaft ist darauf angewiesen, dass ihre Erkenntnisse auf soliden Beweisen und rationalen Argumenten basieren, und die Simulationstheorie könnte als zu spekulativ oder sogar pseudowissenschaftlich angesehen werden. Indem sie dieses Thema vermeiden, könnten Wissenschaftler versuchen, ihre professionelle Integrität zu wahren und sich von Spekulationen fernzuhalten, die ihre Arbeit diskreditieren könnten.

Es gibt jedoch auch die Möglichkeit, dass die Mainstreamwissenschaft bewusst schweigt, weil sie von den Eliten und Regierungen beeinflusst wird. Wissenschaftliche Forschung ist oft von finanziellen Mitteln abhängig, und diese Mittel werden häufig von Regierungen, Unternehmen und anderen mächtigen Institutionen bereitgestellt. Es ist möglich, dass die Eliten ein Interesse daran haben, die Forschung zu bestimmten Themen zu unterdrücken oder zu kontrollieren, insbesondere wenn diese Themen das Potenzial haben, die bestehende Ordnung zu destabilisieren. Indem sie die Finanzierung für Forschung zur Simulationstheorie verweigern oder einschränken, könnten die Eliten sicherstellen, dass dieses Thema nicht weiterverfolgt wird.

Trotz dieser möglichen Gründe für das Schweigen der Eliten und der Mainstreamwissenschaft gibt es auch Argumente dafür, warum die Simulationstheorie offen diskutiert werden sollte. Die Vorstellung, dass unsere Realität eine Simulation sein könnte, hat das Potenzial, unser Verständnis der Welt zu revolutionieren und neue Perspektiven auf die Natur der Realität, des Bewusstseins und der Existenz zu eröffnen. Indem wir dieses Thema erforschen, könnten wir neue Erkenntnisse gewinnen, die uns helfen, die grundlegenden Fragen des Lebens zu beantworten: Wer sind wir? Woher kommen wir? Und was ist die wahre Natur der Realität?

Darüber hinaus könnte die offene Diskussion der Simulationstheorie auch dazu beitragen, die Menschen für die Grenzen unseres Wissens und die Möglichkeiten der Technologie zu sensibilisieren. In einer Welt, die zunehmend von Technologie und künstlicher Intelligenz geprägt ist, ist es wichtig, dass wir uns mit den ethischen und philosophischen Implikationen dieser Entwicklungen auseinandersetzen. Die Simulationstheorie bietet eine einzigartige Gelegenheit, über die Zukunft der Menschheit und die Rolle der Technologie in unserem Leben nachzudenken.

McKinley, der als Ingenieur in einem hochklassifizierten Programm arbeitete, berichtete von Anomalien, die das Verständnis der Realität durchbrachen. „Wir haben festgestellt, dass die Physik nicht immer so funktioniert, wie sie sollte", erklärte er in einer Reihe anonymer Interviews. „Es gab wiederkehrende, unerklärliche Muster, die nicht nur die Quantenmechanik betrafen, sondern auch die Natur der Zeit selbst." McKinley gab zu, dass die Forscher innerhalb des Programms Schwierigkeiten hatten, diese Anomalien zu erklären, und vermuteten, dass diese Muster Hinweise auf ein zugrunde liegendes, künstlich erschaffenes System darstellen könnten.

Die Enthüllung von Dokumenten aus einer geheimen Forschungseinrichtung, bekannt als das „Quantum Simulation Project[17]", lieferte weitere Anhaltspunkte. Laut den geleakten Daten war das

---

[17] Das „Quantum Simulation Project" ist ein wegweisendes Forschungsprojekt, das die Grenzen der klassischen Computermethoden überschreiten soll, indem es Quantenmechanik und Simulationstechnologie miteinander kombiniert. Ziel des Projekts ist es, Quantencomputing zur Simulation komplexer Systeme zu nutzen, die mit traditionellen Computern kaum oder gar nicht simuliert werden können. Diese Systeme könnten chemische Reaktionen, Materialeigenschaften oder biologische Prozesse umfassen, die auf der Quantenebene ablaufen. Durch die Nutzung der Prinzipien der Quantenmechanik, wie Superposition und Verschränkung, kann ein Quantencomputer potenziell Millionen von Zuständen gleichzeitig berechnen, was eine exponentielle Beschleunigung von Simulationen im Vergleich zu klassischen Computern bedeutet. Dies eröffnet neue Möglichkeiten in Bereichen wie der Medikamentenentwicklung, der Materialwissenschaft und der Klimaforschung. Ein weiterer wichtiger Aspekt des „Quantum Simulation Project" ist die Anwendung in der Grundlagenforschung. Die Möglichkeit, Quantenphänomene zu simulieren, die

Ziel des Projekts nicht nur, die Quantenverschränkung zu erforschen, sondern auch zu verstehen, wie Information im Universum verarbeitet wird. Diese Versuche stießen auf Ergebnisse, die darauf hindeuteten, dass „Raum und Zeit" selbst keine festen Entitäten sind, sondern vielmehr aus informatischen Prozessen bestehen, die manipuliert werden können. Ein besonderes Highlight dieser geleakten Informationen war ein Dokument, das auf einen „Simulationsfehler" hinwies. Der Fehler war nicht wie ein klassischer Softwarefehler, sondern eine Interruption, die auftrat, als bestimmte Teilchen in einem Experiment miteinander kommunizierten, aber auf eine Art und Weise, die nicht den klassischen physikalischen Gesetzen entsprach. Die Forscher kamen zu dem Schluss, dass die „Simulation" fehlerhafte Zustände in den Informationsströmen erzeugte – Zustände, die als Anomalien in der Quantenwelt erkennbar waren. In der Simulationstheorie wird die Vorstellung aufgebracht, dass unser Universum möglicherweise nicht die „echte" Realität ist, sondern vielmehr eine von einer höheren Intelligenz oder fortgeschrittenen Technologie erzeugte Simulation. In einem solchen Szenario könnten „Glitches" als Störungen oder Fehler in der Simulation verstanden werden, die auf die Grenzen oder Unvollständigkeit des Systems hinweisen, das unsere Realität erzeugt.

Letztendlich bleibt die Frage, warum die Eliten und die Mainstreamwissenschaft uns die Simulationstheorie vornehmlich verschweigen, eine offene und komplexe Frage. Es gibt möglicherweise eine Vielzahl von Gründen, die von der Wahrung der sozialen Ordnung über die Kontrolle der Bevölkerung bis hin zur Wahrung der wissenschaftlichen Glaubwürdigkeit reichen. Doch unabhängig davon, warum dieses Thema nicht offen diskutiert wird, ist es wichtig, dass wir uns weiterhin mit den grundlegenden Fragen unserer Existenz auseinandersetzen und die Grenzen unseres Wissens erkunden. Die Simulationstheorie mag spekulativ sein, aber

---

in der realen Welt schwer zu beobachten sind, könnte unser Verständnis der Quantenwelt revolutionieren und zu neuen Entdeckungen führen.

sie bietet eine faszinierende Möglichkeit, über die Natur der Realität und unsere Rolle darin nachzudenken – und das ist eine Diskussion, die es wert ist, geführt zu werden.

Wenn wir annehmen, dass unsere Realität tatsächlich eine künstlich erschaffene Simulation ist, dann könnten Regierungen oder mächtige Eliten Zugang zu Technologien oder Methoden haben, die es ihnen ermöglichen, die Parameter der Simulation zu manipulieren oder sogar in sie einzugreifen. Solche Projekte wären naturgemäß streng geheim, da sie nicht nur die Machtverhältnisse auf der Erde, sondern auch unser Verständnis von Realität und Existenz grundlegend verändern könnten. Was also könnten einige dieser geheimen Projekte sein, und welche Auswirkungen hätten sie auf uns und die Welt, in der wir leben?

Operation „Looking Glass"

Die Idee, dass es geheime Regierungseinrichtungen geben könnte, die in der Lage sind, in eine simulierte Realität einzugreifen und die Zukunft zu beeinflussen, klingt wie ein Plot aus einem Science-Fiction-Roman. Doch wenn man die Simulationstheorie ernst nimmt, ist es nicht abwegig, sich vorzustellen, dass solche Technologien oder Methoden existieren könnten – vorausgesetzt, unsere Realität ist tatsächlich eine Simulation. Die sogenannte Operation „Looking Glass" ist ein Begriff, der in Verschwörungskreisen oft auftaucht und angeblich eine geheime Technologie beschreibt, die es ermöglicht, in die Zukunft zu blicken oder sogar in sie einzugreifen. Wenn man diese Idee mit der Simulationstheorie verbindet, eröffnet sich eine faszinierende, aber auch beunruhigende Perspektive: Was, wenn eine kleine Gruppe von Eliten tatsächlich die Fähigkeit besitzt, die Parameter der Simulation zu verändern, um bestimmte Ergebnisse zu erzielen? Und was, wenn diese Ergebnisse nicht den Interessen dieser Eliten dienen, sondern im Sinne der Menschheit als Ganzes sind?

Die Vorstellung, dass eine geheime Einrichtung wie die Operation „Looking Glass" existiert, wirft sofort eine Reihe von Fragen auf. Wie könnte eine solche Technologie funktionieren? Wenn unsere Realität eine Simulation ist, dann wäre es theoretisch möglich, dass die Schöpfer oder Betreiber der Simulation Zugriff auf den „Code" haben, der unsere Welt regiert. In diesem Fall könnten sie die Parameter der Simulation verändern, um bestimmte Ereignisse zu beeinflussen oder sogar vollständig neu zu gestalten. Die Idee, dass eine Gruppe von Menschen – oder vielleicht sogar eine außerirdische oder übermenschliche Intelligenz – Zugang zu diesem Code hat, ist sowohl faszinierend als auch erschreckend. Es würde bedeuten, dass unsere Realität nicht nur konstruiert ist, sondern auch manipuliert werden kann, und dass diejenigen, die diese Macht besitzen, in der Lage wären, die Zukunft nach ihren Vorstellungen zu gestalten. Wenn man annimmt, dass eine solche Technologie existiert, stellt sich die Frage, wie sie genutzt werden würde. Eine Möglichkeit wäre, dass die Eliten, die Zugang zu dieser Technologie haben, sie nutzen, um ihre eigene Macht zu sichern und ihre Interessen durchzusetzen. Sie könnten die Simulation so verändern, dass bestimmte Ereignisse eintreten, die ihre Position stärken, während andere Ereignisse, die eine Bedrohung darstellen könnten, verhindert werden. In diesem Szenario wäre die Operation „Looking Glass" ein Werkzeug der Kontrolle, das es den Eliten ermöglicht, die Zukunft nach ihren Wünschen zu gestalten und ihre Dominanz über die Gesellschaft aufrechtzuerhalten. Doch was, wenn die Ergebnisse dieser Manipulationen nicht den Interessen der Eliten dienen, sondern im Sinne der Menschheit als Ganzes sind? Aus geheimen Quellen soll berichtet werden, dass jede Veränderung der Simulation, die durch die Operation „Looking Glass" vorgenommen wird, letztendlich zu Gunsten der Menschheit ausfällt, anstatt die Macht der Eliten zu stärken. Dies würde bedeuten, dass die Simulation selbst eine Art inhärente Ethik oder Moral besitzt, die sicherstellt, dass die Veränderungen, die vorgenommen werden, dem Wohl der Menschheit dienen, anstatt den Interessen einer kleinen Gruppe von Despoten. Diese Vorstellung würde die Eliten, die Zugang zu dieser Technologie haben, in helle Aufregung versetzen, da sie ihre Pläne durchkreuzen und ihre Macht untergraben würde.

Warum sollte die Simulation so gestaltet sein, dass sie das Wohl der Menschheit fördert, anstatt die Interessen der Eliten zu unterstützen? Eine mögliche Erklärung ist, dass die Schöpfer der Simulation – sei es eine fortgeschrittene Zivilisation, eine künstliche Superintelligenz oder eine höhere Wesenheit – eine ethische Agenda verfolgen. Sie könnten die Simulation als eine Art Test oder Experiment betrachten, das darauf abzielt, das Bewusstsein und die Moral der Menschheit zu entwickeln. In diesem Fall wäre die Simulation so programmiert, dass sie letztendlich das Wohl der Menschheit fördert, unabhängig davon, wie die Eliten versuchen, sie zu manipulieren. Die Schöpfer könnten sicherstellen, dass jede Veränderung, die vorgenommen wird, langfristig positive Auswirkungen hat, auch wenn sie kurzfristig den Interessen der Eliten zuwiderläuft.

Eine andere Möglichkeit ist, dass die Simulation selbst eine Art Selbstregulierungsmechanismus besitzt, der sicherstellt, dass die Veränderungen, die vorgenommen werden, im Einklang mit den grundlegenden Prinzipien der Realität stehen. In diesem Fall wäre die Operation „Looking Glass" nicht nur ein Werkzeug der Manipulation, sondern auch ein Instrument der Balance, das sicherstellt, dass die Simulation stabil bleibt und ihre Integrität bewahrt. Jeder Versuch, die Simulation zu manipulieren, um egoistische oder despotische Ziele zu erreichen, würde letztendlich scheitern, da die Simulation selbst darauf ausgelegt ist, das Gleichgewicht zu wahren und das Wohl der Menschheit zu fördern. Die Vorstellung, dass die Ergebnisse der Operation „Looking Glass" nicht zu Gunsten der Eliten, sondern zu Gunsten der Menschheit ausfallen, wirft auch Fragen über die Natur der Macht und Kontrolle auf. Wenn die Eliten, die Zugang zu dieser Technologie haben, feststellen, dass ihre Manipulationen nicht die gewünschten Ergebnisse bringen, sondern stattdessen das Wohl der Menschheit fördern, wie würden sie reagieren? Würden sie versuchen, die Technologie weiter zu nutzen, in der Hoffnung, dass sie irgendwann die Kontrolle erlangen können? Oder würden sie erkennen, dass ihre Macht begrenzt ist und dass die Simulation selbst eine höhere Autorität darstellt, die ihre Pläne durchkreuzt?

Diese Fragen führen uns zu der grundlegenden Frage nach der Natur der Realität und unserer Rolle darin. Wenn unsere Realität tatsächlich eine Simulation ist, dann sind wir möglicherweise nicht die Herren unseres Schicksals, sondern Teil eines größeren Plans, der von den Schöpfern der Simulation festgelegt wurde. Die Operation „Looking Glass" und ähnliche Technologien könnten Versuche sein, diesen Plan zu umgehen oder zu manipulieren, aber letztendlich könnten sie daran scheitern, da die Simulation selbst darauf ausgelegt ist, das Wohl der Menschheit zu fördern. Die Idee, dass die Ergebnisse der Operation „Looking Glass" nicht zu Gunsten der Eliten, sondern zu Gunsten der Menschheit ausfallen, ist eine hoffnungsvolle Vorstellung. Sie deutet darauf hin, dass die Realität, in der wir leben, möglicherweise nicht so willkürlich oder ungerecht ist, wie sie manchmal erscheint, sondern dass es eine höhere Ordnung oder Ethik gibt, die sicherstellt, dass das Wohl der Menschheit letztendlich Vorrang hat. Diese Vorstellung könnte uns dazu inspirieren, über unsere eigenen Handlungen und Entscheidungen nachzudenken und uns daran zu erinnern, dass wir Teil eines größeren Ganzen sind, das darauf abzielt, das Beste für uns alle zu erreichen.

Letztendlich bleibt die Operation „Looking Glass" und ihre Verbindung zur Simulationstheorie eine spekulative und mysteriöse Idee, die mehr Fragen aufwirft als Antworten liefert. Doch unabhängig davon, ob diese Technologie tatsächlich existiert oder nicht, bietet sie eine erstaunliche Möglichkeit, über die Natur der Realität, die Grenzen der Macht und die Rolle der Menschheit in einem größeren kosmischen Plan nachzudenken. Sie erinnert uns daran, dass die Wahrheit möglicherweise komplexer und vielschichtiger ist, als wir es uns vorstellen können, und dass wir uns immer wieder fragen müssen, wer wir sind, woher wir kommen und was unsere wahre Bestimmung ist.

Manipulation von Zeit und Raum

Eine der interessantesten und zugleich beunruhigendsten Überlegungen in diesem Kontext ist die Möglichkeit, Zeit und Raum zu manipulieren. Wenn tatsächlich jemand Zugang zum Code einer solchen Simulation hätte, wäre es denkbar, dass diese Entität die Zeit verlangsamen, beschleunigen oder sogar umkehren könnte. Ein geheimes Projekt, das auf dieser Hypothese basiert, könnte darauf abzielen, vergangene Ereignisse zu verändern, um bestimmte Ergebnisse in der Gegenwart oder Zukunft zu erzielen.

Ein solches Projekt könnte in vielerlei Hinsicht weitreichende Auswirkungen auf das Weltgeschehen haben. Man könnte sich vorstellen, dass eine Regierung oder eine geheime Organisation, die Zugang zum Code der Simulation hat, entscheidet, historische Ereignisse zu manipulieren, um strategische Vorteile zu erzielen. Ein mögliches Szenario wäre die Veränderung des Verlaufs eines Krieges, um ein bestimmtes Ergebnis in der Gegenwart zu erreichen. Ein Eingriff in die Vergangenheit könnte geopolitische Allianzen neu gestalten oder den Ausgang von Konflikten entscheidend beeinflussen. Ein weiteres denkbares Beispiel wäre die Manipulation von Wahlergebnissen, indem die Simulation so verändert wird, dass das Ergebnis einer Wahl rückgängig gemacht oder in eine andere Richtung gelenkt wird. Dies könnte die politische Macht in der Gegenwart verschieben und weitreichende Folgen für die Gesellschaft haben. Ein noch drastischeres Szenario wäre die Veränderung des Todes eines prominenten Individuums. Historisch gesehen gibt es zahlreiche Persönlichkeiten, deren Leben und Tod den Verlauf der Geschichte beeinflussten. Der Tod eines politischen Führers, eines Wissenschaftlers oder einer kulturellen Ikone könnte durch einen solchen Eingriff verändert werden, was wiederum das weltpolitische Klima oder die gesellschaftliche Entwicklung neu ausrichten könnte. Die Möglichkeiten für eine Manipulation wären nahezu grenzenlos, was die ethischen Fragen und die Verantwortung, die mit einem solchen Projekt verbunden wären, noch dringlicher macht.

Die ethischen Implikationen einer solchen Technologie wären äußerst komplex und tiefgreifend. Wenn man davon ausgeht, dass wir in einer Simulation leben und die Entitäten in dieser Simulation keine „echten" Wesen im klassischen Sinne sind, könnte man argumentieren, dass ihre Existenz und ihre Erfahrungen nur eine weitere Form der Programmierung darstellen. Doch auch wenn die simulierten Entitäten nicht „real" im traditionellen Sinne sind, stellt sich die Frage, ob es moralisch vertretbar wäre, deren Leben und Erfahrungen in einer so grundlegenden Weise zu verändern. Eine solche Manipulation würde nicht nur das Leben einzelner Personen betreffen, sondern könnte Auswirkungen auf Millionen von Menschen haben. Wer hätte das Recht, die Vergangenheit zu verändern, um bestimmte Ergebnisse zu erzielen? Wer entscheidet, welche Ereignisse geändert werden sollten und welche nicht?

Die Macht, historische Ereignisse zu verändern, würde eine Konzentration von Autorität und Kontrolle bedeuten, die das politische Gleichgewicht der Welt fundamental erschüttern könnte. Ein solches Projekt könnte von einer kleinen Gruppe von Menschen oder einer einzigen Regierung ausgeführt werden, wodurch diese Entität nahezu unbegrenzte Macht über die Vergangenheit und damit auch über die Gegenwart und Zukunft erlangen würde. Dies könnte zu einem autoritären Regime führen, in dem die Geschichte nach den Interessen einer kleinen Elite umgeschrieben wird. Doch es stellt sich auch die Frage nach den langfristigen Konsequenzen der Manipulation von Zeit. Ein solcher Eingriff könnte das Vertrauen in die Realität und das eigene Leben erschüttern. Wenn die Zeit veränderbar ist, wer könnte dann noch sicher sein, dass das, was er oder sie erlebt hat, wirklich geschehen ist? Die Menschen könnten anfangen, ihre eigene Existenz zu hinterfragen, was möglicherweise zu einer massiven existenziellen Krise führen könnte. Darüber hinaus wäre es denkbar, dass die ständige Veränderung der Zeit zu Instabilitäten innerhalb der Simulation führen könnte. Wenn Ereignisse mehrfach verändert werden, könnte der Code der Simulation Fehler oder Inkonsistenzen aufweisen, die das System destabilisieren und zu chaotischen, unvorhersehbaren Konsequenzen führen könnten.

Ein weiteres Problem ergibt sich aus der Frage des freien Willens und der Verantwortung. Wenn die Vergangenheit jederzeit verändert werden kann, stellen sich grundlegende philosophische Fragen zu Schicksal, freiem Willen und persönlicher Verantwortung. Die Vorstellung, dass jede Entscheidung, die wir treffen, nur ein Teil einer künstlich konzipierten Simulation ist, würde das Konzept des freien Willens untergraben. Wenn wir uns in einer Simulation befinden und die Vergangenheit nach Belieben verändert werden kann, bedeutet das dann, dass unser Leben und unsere Entscheidungen tatsächlich bedeutungslos sind?

Die Vorstellung eines geheimen Projekts zur Manipulation von Zeit und Raum in einer Simulationstheorie wirft sowohl technische als auch philosophische Fragen auf. Die Fähigkeit, vergangene Ereignisse zu verändern, um bestimmte Ergebnisse in der Gegenwart oder Zukunft zu erzielen, könnte enorme geopolitische und gesellschaftliche Implikationen haben. Doch die ethischen, sozialen und langfristigen Konsequenzen solcher Eingriffe wären nicht nur komplex, sondern potenziell katastrophal. Die Frage, wer die Kontrolle über die Zeit hat und in welchem Rahmen diese Macht eingesetzt werden darf, bleibt ein zentraler Streitpunkt.

Final zeigt sich, dass ein solches Projekt – selbst in einer hypothetischen Simulation – weit mehr ist als ein technisches Unterfangen. Es ist eine moralische und gesellschaftliche Herausforderung, die tief in die Fragen von Macht, Verantwortung und der Natur der Realität eingreift. Wie bei jeder Technologie, die unvorstellbare Macht verleiht, ist es entscheidend, sicherzustellen, dass sie nicht in die falschen Hände gerät und dass ethische Überlegungen an erster Stelle stehen, bevor weitreichende Veränderungen in der Geschichte vorgenommen werden.

Erschaffung paralleler Realitäten

Die Idee der Erschaffung paralleler Realitäten ist ein Konzept, das sowohl in der Science-Fiction als auch in der Philosophie und Wissenschaft immer wieder auftaucht. Wenn wir annehmen, dass unsere Realität eine Simulation ist, dann wird die Vorstellung, dass es parallele Realitäten geben könnte, noch packender und komplexer. In einer simulierten Welt wäre es theoretisch möglich, dass diejenigen, die Zugang zum „Code" der Simulation haben, neue Realitäten erschaffen oder zwischen verschiedenen Versionen der Realität wechseln können. Diese parallelen Realitäten könnten als Experimentierfelder dienen, in denen verschiedene Szenarien getestet werden, um die besten Ergebnisse für die Menschheit zu erzielen. Doch was bedeutet das für uns, die wir in dieser Realität leben? Und welche ethischen, philosophischen und praktischen Fragen wirft die Erschaffung paralleler Realitäten auf?

Ein Film, der diese Idee auf eindrucksvolle Weise veranschaulicht, ist der Blockbuster „Das 13te Stockwerk[18]". In diesem Film wird eine virtuelle Realität erschaffen, die so detailliert und realistisch ist, dass die Menschen, die darin leben, nicht einmal wissen, dass sie Teil einer Simulation sind. Die Charaktere im Film entdecken nach und nach, dass ihre Realität nicht die einzige ist und dass es eine höhere Ebene der Existenz gibt, die ihre Welt kontrolliert. Der Film wirft tiefgreifende Fragen über die Natur der Realität, das Bewusstsein und die Ethik der Schöpfung auf. Was geschieht mit den Menschen, die in diesen parallelen Realitäten leben? Sind sie sich bewusst, dass sie Teil eines Experiments sind? Und was passiert mit diesen Realitäten, sobald das Experiment abgeschlossen ist? Werden sie gelöscht, oder existieren sie weiter, unabhängig von unserer eigenen Realität?

Die Erschaffung paralleler Realitäten in einer Simulation könnte zahlreiche Anwendungen haben. Eine Möglichkeit wäre, dass Regierungen oder mächtige Eliten diese Technologie nutzen, um politische, soziale oder wirtschaftliche Szenarien zu testen. Stellen Sie sich vor, eine Regierung könnte eine parallele Realität erschaffen,

---

[18] „Das 13. Stockwerk" (Originaltitel: *The Thirteenth Floor*) ist ein Science-Fiction-Thriller aus dem Jahr 1999, der von Josef Rusnak unter der Produktion von Roland Emmerich inszeniert wurde. Der Film basiert auf dem Roman „Simulacron-3" von Daniel F. Galouye und behandelt die Frage, was es bedeutet, in einer simulierten Realität zu leben. Die Geschichte folgt dem Computerwissenschaftler Douglas Hall, der entdeckt, dass die Welt, in der er lebt, möglicherweise nur eine Simulation ist. Diese Erkenntnis wirft grundlegende Fragen zur Natur der Realität und zum Bewusstsein auf. Der Film spielt in einer futuristischen Welt, in der eine virtuelle Simulation der 1930er Jahre von einer Gruppe von Wissenschaftlern entwickelt wurde. Hall, der in dieser Simulation lebt, wird in eine Verschwörung verwickelt, als sein Kollege ermordet aufgefunden wird. Während er nach Antworten sucht, beginnt er, die Unterscheidung zwischen realer Welt und Simulation zu hinterfragen, was zu einer existenziellen Krise führt. „Das 13. Stockwerk" thematisiert auf spannende Weise die Theorie der Simulation, die später auch durch andere Filme wie *The Matrix* populär wurde. Der Film bietet eine visuell ansprechende Darstellung der dualen Welten und regt zur Reflexion über die Wahrnehmung der eigenen Realität und die Macht von Technologie an.

in der sie bestimmte politische Entscheidungen trifft, um zu sehen, wie sie sich auf die Gesellschaft auswirken. Sie könnten verschiedene Versionen der Realität erschaffen, in denen unterschiedliche Gesetze, Wirtschaftssysteme oder soziale Strukturen getestet werden. Auf diese Weise könnten sie die besten Entscheidungen für die reale Welt treffen, ohne das Risiko einzugehen, Fehler zu machen, die katastrophale Auswirkungen haben könnten. Doch wer würde entscheiden, welche Szenarien getestet werden sollten und welche nicht? Und wer würde die Verantwortung für die Konsequenzen dieser Experimente tragen?

Eine weitere Möglichkeit wäre, dass parallele Realitäten genutzt werden, um wissenschaftliche Forschung voranzutreiben. In einer simulierten Welt könnten Wissenschaftler Experimente durchführen, die in der realen Welt zu gefährlich oder unmöglich wären. Sie könnten neue Medikamente testen, physikalische Gesetze erforschen oder sogar die Entstehung von Leben simulieren. Die Möglichkeiten wären nahezu unbegrenzt, und die Erkenntnisse, die aus diesen Experimenten gewonnen werden könnten, könnten die Menschheit in ungeahnte Höhen führen. Doch auch hier stellen sich ethische Fragen. Was geschieht mit den Lebewesen, die in diesen parallelen Realitäten erschaffen werden? Haben sie Rechte, und wenn ja, wer schützt sie? Und was passiert mit diesen Realitäten, sobald die Experimente abgeschlossen sind? Die Erschaffung paralleler Realitäten könnte auch genutzt werden, um persönliche Wünsche und Träume zu erfüllen. In einer simulierten Welt könnten Menschen ihre eigenen Realitäten erschaffen, in denen sie ein perfektes Leben führen können. Sie könnten ihre größten Träume verwirklichen, ihre schlimmsten Ängste überwinden oder einfach nur eine Auszeit von der realen Welt nehmen. Doch was bedeutet das für unser Verständnis von Glück und Erfüllung? Wenn wir in der Lage sind, unsere eigenen perfekten Realitäten zu erschaffen, verlieren wir dann den Bezug zur realen Welt? Und was geschieht mit unserer Menschlichkeit, wenn wir uns in selbst erschaffenen Illusionen verlieren?

Ein weiterer Aspekt ist die Möglichkeit, dass sie als eine Art „Sicherheitsnetz" dienen könnten. In einer simulierten Welt könnten Menschen in eine parallele Realität flüchten, wenn die reale Welt zu gefährlich oder unerträglich wird. Sie könnten in einer Welt leben, in der es keinen Krieg, keine Armut und keine Krankheit gibt, während die reale Welt weiterhin von diesen Problemen geplagt wird. Doch was bedeutet das für unsere Verantwortung gegenüber der realen Welt? Wenn wir in der Lage sind, in parallele Realitäten zu flüchten, verlieren wir dann den Anreiz, die reale Welt zu verbessern? Und was geschieht mit den Menschen, die keinen Zugang zu diesen parallelen Realitäten haben?

Die Erschaffung paralleler Realitäten wirft auch tiefgreifende philosophische Fragen auf. Wenn unsere Realität eine Simulation ist, dann ist es möglich, dass auch die parallelen Realitäten, die wir erschaffen, selbst wieder Simulationen sind. Dies führt zu der Frage, ob es überhaupt eine „echte" Realität gibt, oder ob alles, was wir kennen, nur eine Illusion ist. Sind wir selbst Teil einer parallelen Realität, die von einer höheren Macht erschaffen wurde? Und wenn ja, was bedeutet das für unser Verständnis von Existenz und Bewusstsein?

Der Film „Das 13te Stockwerk" zeigt auf eindrucksvolle Weise, wie die Entdeckung paralleler Realitäten das Leben der Menschen verändern kann. Die Charaktere im Film müssen sich mit der schockierenden Erkenntnis auseinandersetzen, dass ihre Realität nicht die einzige ist und dass sie möglicherweise selbst nur Simulationen sind. Diese Erkenntnis wirft tiefgreifende Fragen über Identität, Freiheit und den Sinn des Lebens auf. Was bedeutet es, zu existieren, wenn unsere Existenz möglicherweise nur ein Produkt eines Codes ist? Und was geschieht mit uns, wenn die Simulation beendet wird? Die Erschaffung paralleler Realitäten in einer Simulation ist ein Konzept, das sowohl faszinierende Möglichkeiten als auch beunruhigende Fragen bietet. Es eröffnet eine Welt von Möglichkeiten, die unsere Vorstellungskraft anregen und uns dazu auffordern, über die Grenzen unseres Verständnisses hinauszudenken. Doch es wirft auch tiefgreifende ethische, philosophische und praktische Fragen auf, die wir nicht ignorieren können. Solange wir keine definitiven Antworten haben, bleibt die Idee der parallelen Realitäten eine spekulative, aber faszinierende Möglichkeit, die unsere Neugier weckt und uns dazu auffordert, die Grenzen unseres Wissens zu erkunden.

Kontrolle über natürliche Ressourcen und Umweltbedingungen

Die Kontrolle über natürliche Ressourcen und Umweltbedingungen ist ein Thema, das in einer simulierten Realität eine völlig neue Dimension annimmt. Wenn unsere Welt tatsächlich eine Simulation ist, dann könnten diejenigen, die Zugang zum „Code" dieser Simulation haben, die Macht besitzen, die natürlichen Gesetze zu manipulieren, die unsere Umwelt bestimmen. Dies würde bedeuten, dass sie in der Lage wären, den Klimawandel zu stoppen oder auch Klimakrisen auszulösen, natürliche Ressourcen zu regenerieren oder sogar neue Ressourcen zu erschaffen. Doch wer würde von solchen Technologien profitieren? Würden sie der gesamten Menschheit zugute kommen, oder würden sie von einer kleinen Gruppe von Eliten kontrolliert werden, um ihre Macht und ihren Reichtum zu vergrößern? Die ethischen Implikationen wären enorm, da die Manipulation der Umwelt nicht nur die natürliche Welt, sondern auch das Leben aller Menschen auf der Erde beeinflussen würde.

Stellen Sie sich vor, eine Regierung oder eine geheime Organisation hätte die Fähigkeit, das Wetter zu kontrollieren. Sie könnten Dürren beenden, Überschwemmungen verhindern und sogar die Ernteerträge in bestimmten Regionen maximieren, oder, natürlich auch umgekehrt. Diese Technologie, von der man nur in Science-Fiction-Romanen oder Verschwörungstheorien gehört hat, wäre ein Werkzeug von beispiellosem Potential. Doch hinter diesem scheinbar utopischen Szenario verbergen sich ebenso zahlreiche Fragen, ethische Dilemmata und die potentielle Gefahr eines gefährlichen Missbrauchs. Auf den ersten Blick mag die Vorstellung, das Wetter zu kontrollieren, fast wie ein Traum erscheinen. Wenn eine Organisation oder eine Regierung in der Lage wäre, extreme Wetterereignisse wie Dürren, Überschwemmungen oder Naturkatastrophen zu verhindern, könnte dies viele der drängendsten globalen Probleme lösen. Dürren könnten weltweit das Problem der Wasserversorgung und der Lebensmittelproduktion lindern. Überschwemmungen könnten in gefährdeten Gebieten vermieden werden, was

Leben retten würde. Doch wenn diese Technologie tatsächlich existierte, würden die Auswirkungen weit über das hinausgehen, was man sich zunächst vorstellen kann. In einer solchen Welt könnten Staaten oder private Organisationen entscheiden, wann und wo sie die Wetterbedingungen ändern wollen. Diese Macht könnte genutzt werden, um die Landwirtschaft zu beeinflussen, etwa indem sie den Ernteertrag in bestimmten Regionen erhöhen oder reduzieren, um die Marktpreise zu manipulieren. Ein Land könnte sogar versuchen, die Wetterbedingungen so zu steuern, dass es die Ernten eines feindlichen Landes zerstört, um einen wirtschaftlichen oder militärischen Vorteil zu erlangen. Auf dieser Ebene würde die Wettermanipulation von einer potenziellen Wohltat zu einer gefährlichen Waffe.

Die Frage, wer diese Macht kontrolliert, ist hier von zentraler Bedeutung. Würde das Wetter im besten Interesse der gesamten Menschheit gesteuert werden? Würden Entscheidungen objektiv und transparent getroffen oder wären sie von politischen und wirtschaftlichen Interessen geleitet? In einer Welt, in der die Natur gezielt beeinflusst wird, könnten nationale Interessen und geopolitische Spannungen in einem gefährlichen Spiel der Manipulation und Kontrolle eskalieren.

Ein mögliches Beispiel für diese Art von Missbrauch könnte die Schaffung von künstlich erzeugten Klimakatastrophen sein. Stell dir vor, ein mächtiger Staat oder eine geheim operierende Organisation könnte eine Dürre in einem anderen Land verursachen, um dessen Wirtschaft zu destabilisieren und politischen Druck auszuüben. Oder man könnte die Wetterbedingungen in einem anderen Land zu einem Zeitpunkt manipulieren, an dem wichtige politische Entscheidungen getroffen werden, um das Ergebnis zugunsten der eigenen Interessen zu beeinflussen. Das Wetter als Werkzeug der politischen Kriegsführung ist kein Science-Fiction mehr, sondern eine sehr reale Gefahr in einem Szenario, in dem die Technologie der Wetterkontrolle zur Verfügung stünde.

Ein weiteres Problem, das sich aus der Kontrolle des Wetters ergibt, ist die potenzielle Verzerrung von Klimadaten. In einer Welt, in der Wetterphänomene von politischen Entscheidungsträgern beeinflusst werden können, könnte es schwierig werden, zwischen natürlichen Klimaveränderungen und künstlich herbeigeführten Veränderungen zu unterscheiden. In einigen Fällen könnte dies als Vorwand genutzt werden, um politische oder wirtschaftliche Maßnahmen zu legitimieren, die nichts mit den tatsächlichen Ursachen des Klimawandels zu tun haben. Politische Akteure könnten das Wetter manipulieren und dann behaupten, dass die von ihnen implementierten Maßnahmen zur Bekämpfung des Klimawandels notwendig seien.

Auf dieser Grundlage könnten Maßnahmen wie die Einführung von Klimasteuern, CO_2-Abgaben oder Verbote von umweltschädlichen Aktivitäten wie Fliegen, Heizen oder Autofahren als Reaktionen auf extreme Wetterereignisse in die politische Agenda aufgenommen werden. Das Klima könnte gezielt so beeinflusst werden, dass eine bestimmte Agenda durchgesetzt werden könnte – eine Agenda, die den Interessen mächtiger Konzerne, politischen Regimen oder Eliten dienen könnte, die die Kontrolle über die Wettermanipulation innehaben. Großangelegte Medienpropaganda würde einem korrupten Staat dabei gezielt in die Hände spielen, in dem andauernd wiederholt würde, dass diese Klimakatastrophen aufgrund des durch die Menschen ausgelöste Erdewärmung und daraus folgendem CO2-Anstiegs zurück zu führen sei. Käufliche Experten dürften dabei kein Problem darstellen.

Nehmen wir zum Beispiel die Möglichkeit, dass ein Land beschließt, die Wetterbedingungen zu ändern, um die landwirtschaftliche Produktion in einem anderen Land zu sabotieren, das als wirtschaftlicher Konkurrent wahrgenommen wird. Dies könnte als eine Form der Kriegsführung im 21. Jahrhundert angesehen werden – eine Kriegsführung, die nicht mehr auf Waffengewalt setzt, sondern auf subtileren und zugleich sehr effektiven Methoden wie der Beeinflussung von Naturphänomenen. In einem solchen Szenario könnte der Wirtschaftskrieg unbemerkt geführt werden, während die betroffenen Nationen über den Klimawandel und seine angeblichen Auswirkungen diskutieren, ohne zu wissen, dass das Wetter selbst manipuliert wurde, um ihre Wirtschaft zu destabilisieren.

Gleichzeitig könnte die Tatsache, dass die Kontrolle über das Wetter so eng in den Händen einer kleinen korrupten Gruppe von Regierungen oder Unternehmen liegt, zu einer massiven Machtkonzentration führen. Wer würde die Verantwortung für die globalen Auswirkungen von Wettermanipulation übernehmen? Wenn ein Land oder eine Organisation das Wetter zu ihren eigenen Zwecken kontrolliert, könnte dies zu einer noch stärkeren Ungleichheit zwischen den Staaten führen. Wohlhabende Nationen könnten sich die neuesten Wettermanipulationstechnologien leisten, um ihre eigenen Interessen zu sichern, während ärmere Länder weiterhin Opfer von extremen Wetterbedingungen wären, die durch die Handlungen der Reichen und Mächtigen verschärft würden.

Doch auch in einem Szenario, in dem das Wetter nicht als Waffe, sondern als Werkzeug des Wohlstands betrachtet wird, bleibt die Frage nach der Gerechtigkeit und den ethischen Implikationen der Wetterkontrolle offen. Wer entscheidet, wann und warum das Wetter verändert wird? Wenn etwa eine Regierung entscheidet, das Wetter zu manipulieren, um eine höhere Ernte in ihrer Region zu erzielen, könnten benachbarte Länder mit negativen Auswirkungen auf ihre eigenen Ernten konfrontiert werden. Was passiert mit denjenigen, die durch diese Eingriffe leiden? Würden die Vorteile für eine Region die Schäden für andere aufwiegen?

Die ethischen, politischen und globalen Herausforderungen der Wettermanipulation sind also gewaltig. Die Möglichkeit, das Wetter zu kontrollieren, könnte auf den ersten Blick eine Lösung für einige der drängendsten Probleme der Menschheit bieten. Doch die Macht, das Wetter zu beeinflussen, könnte ebenso leicht zum Werkzeug für Missbrauch und politische Manipulation werden. Ohne ein internationales System zur Regulierung und Überwachung solcher Technologien könnten Wettermanipulationen nicht nur das geopolitische Gleichgewicht destabilisieren, sondern auch zu einer verstärkten Ausbeutung von Naturressourcen und einem noch stärkeren Ungleichgewicht zwischen den Mächtigen und den Marginalisierten führen. Die Verantwortung für die Kontrolle über das Wetter müsste daher in vertrauenswürdige, gerechte Hände gelegt werden, um die globalen Auswirkungen solcher Technologien verantwortungsvoll zu steuern.

Kontrolle über natürliche Ressourcen

Ein weiteres Beispiel für die Kontrolle über natürliche Ressourcen in einer simulierten Realität wäre die Fähigkeit, Rohstoffe wie Öl, Gas oder seltene Erden zu regenerieren oder sogar neu zu erschaffen. In einer Welt, in der natürliche Ressourcen immer knapper werden, wäre dies eine revolutionäre Technologie, die das Potenzial hätte, Konflikte zu beenden und den Wohlstand zu fördern. Doch auch hier stellen sich schwierige Fragen. Wer würde über den Zugang zu diesen Ressourcen entscheiden? Würden sie gerecht verteilt werden, oder würden sie von einer kleinen Elite kontrolliert werden, die ihren Reichtum und ihre Macht weiter ausbauen möchte? Die Geschichte hat gezeigt, dass die Kontrolle über natürliche Ressourcen oft zu Konflikten und Ungerechtigkeiten führt, und es ist schwer vorstellbar, dass dies in einer simulierten Realität anders wäre. Die Manipulation von Umweltbedingungen könnte auch genutzt werden, um den Klimawandel zu bekämpfen. In einer simulierten Realität könnten diejenigen, die Zugang zum „Code" haben, die $CO2$-Emissionen reduzieren, die Ozonschicht reparieren oder sogar die globalen Temperaturen senken. Dies könnte das Potenzial haben, viele der drängendsten Umweltprobleme unserer Zeit zu lösen und die Zukunft der Menschheit zu sichern. Doch auch hier stellen sich ethische und praktische Fragen. Wer würde entscheiden, welche Maßnahmen ergriffen werden sollten und welche nicht? Würden diese Entscheidungen auf wissenschaftlichen Erkenntnissen basieren, oder würden sie von politischen oder wirtschaftlichen Interessen geleitet sein? Und was wäre, wenn die Manipulation der Umwelt unerwartete Nebenwirkungen hätte, die noch schlimmere Probleme verursachen könnten? Die Kontrolle über natürliche Ressourcen und Umweltbedingungen in einer simulierten Realität wirft auch tiefgreifende philosophische Fragen auf. Wenn unsere Welt tatsächlich eine Simulation ist, dann ist es möglich, dass die natürlichen Gesetze, die unsere Umwelt bestimmen, nicht festgelegt sind, sondern verändert werden können. Dies führt zu der Frage, was „natürlich" überhaupt bedeutet. Ist die Natur, wie wir sie kennen, nur ein Produkt eines Codes, der manipuliert werden kann? Und wenn ja, was bedeutet das für unser Verständnis von Umwelt und Nachhaltigkeit? Wenn wir in der Lage sind, die Umwelt nach unseren Wünschen zu gestalten, verlieren wir dann den Respekt vor der natürlichen Welt? Und was geschieht mit unserer Verantwortung gegenüber zukünftigen Generationen, wenn wir die Umwelt nach Belieben manipulieren können?

Ein weiterer Aspekt der Kontrolle über natürliche Ressourcen und Umweltbedingungen ist die Möglichkeit, dass sie als eine Art „Sicherheitsnetz" dienen könnte. In einer simulierten Realität könnten Menschen in eine Welt flüchten, in der die Umweltbedingungen perfekt sind, während die reale Welt weiterhin von Umweltproblemen geplagt wird. Sie könnten in einer Welt leben, in der es keine Umweltverschmutzung, keine Naturkatastrophen und keine Ressourcenknappheit gibt, während die reale Welt weiterhin von diesen Problemen geplagt wird. Doch was bedeutet das für unsere Verantwortung gegenüber der realen Welt? Wenn wir in der Lage sind, in eine perfekte Umwelt zu flüchten, verlieren wir dann den Anreiz, die reale Welt zu verbessern? Und was geschieht mit den Menschen, die keinen Zugang zu diesen perfekten Umwelten haben? Die Kontrolle über natürliche Ressourcen und Umweltbedingungen in einer simulierten Realität ist ein Konzept, das sowohl faszinierende Möglichkeiten als auch beunruhigende Fragen bietet. Es eröffnet eine Welt von Möglichkeiten, die unsere Vorstellungskraft anregen und uns dazu auffordern, über die Grenzen unseres Verständnisses hinauszudenken. Doch es wirft auch tiefgreifende ethische, philosophische und praktische Fragen auf, die wir nicht ignorieren können. Solange wir keine definitiven Antworten haben, bleibt die Idee der Kontrolle über natürliche Ressourcen und Umweltbedingungen eine spekulative, aber faszinierende Möglichkeit, die unsere Neugier weckt und uns dazu auffordert, die Grenzen unseres Wissens zu erkunden.

Was, wenn diese Simulation als Strafplanet entworfen wurde?

Stellen Sie sich vor, unser Universum, die Welt, die wir erleben, ist nicht einfach das Produkt eines zufälligen kosmischen Ereignisses oder das Resultat einer natürlichen Evolution, sondern das Design einer überlegenen Intelligenz oder Entität, die entschieden hat, die Erde als einen „Strafplaneten" zu schaffen. Was, wenn unsere Realität von Anfang an darauf ausgerichtet war, eine Art von Strafe oder Rehabilitationsprozess für bestimmte Wesen oder Seelen zu ermöglichen? Dies ist eine Perspektive, die sowohl faszinierend als auch erschreckend zugleich ist und zahlreiche philosophische, ethische und existenzielle Fragen aufwirft. Wenn wir diese Hypothese weiterverfolgen, ergeben sich zahlreiche Szenarien, wie ein solcher Strafplanet funktionieren könnte, welche Ziele er verfolgen könnte und wie die Vollstreckung dieser Strafe aussehen würde.

Die Idee eines „Strafplaneten" ist nicht völlig neu. In verschiedenen religiösen, esoterischen und philosophischen Traditionen gibt es Konzepte von „Höllen" oder „Fegefeuer"-ähnlichen Orten, an denen Seelen für ihre vergangenen Vergehen oder Sünden büßen müssen. Aber was, wenn diese Vorstellungen nicht metaphorisch gemeint sind, sondern tatsächlich auf einer höheren Ebene real sind? Was, wenn die Welt, in der wir leben, bewusst als eine Art kosmische Strafe oder als ein Ort für die Reinigung und die Transformation von Seelen erschaffen wurde? In einer solchen Perspektive könnte die Simulation der Erde eine Art Bewusstseins- oder Erfahrungsreise für die betroffenen Entitäten darstellen, in der sie durch Schmerz, Leid, Herausforderungen und Konflikte eine Entwicklung erfahren, die sie auf ein höheres moralisches oder spirituelles Niveau hebt. Stellen Sie sich vor, dass dieser Strafplanet nicht nur als Ort der Bestrafung, sondern auch als ein Raum der Entwicklung und Transformation erschaffen wurde. In dieser Vorstellung ist die Welt, in der wir leben, nicht zufällig, sondern gezielt als ein Lehrmittel konzipiert. Die Wesen, die auf diesem Planeten existieren, sind nicht dazu verdammt, für immer in einem Zustand des Leidens zu verharren. Statt dessen ist dieser Zustand eine Möglichkeit, sich weiterzuentwickeln, die eigenen Fehler zu erkennen und ein höheres, reiferes Bewusstsein zu erlangen. Die Herausforderung für jedes Wesen ist nicht, der Strafe zu entkommen, sondern sie zu durchdringen, zu verstehen und letztlich daran zu wachsen. Moralische und spirituelle Entwicklung in einem Strafplanet-Szenario bedeutet, dass jeder Konflikt, jede Herausforderung und jedes Missverständnis, dem wir begegnen, nicht nur zufällig oder bedeutungslos ist. Stattdessen sind sie Gelegenheiten – Prüfungen, die uns helfen sollen, unsere Schwächen zu erkennen und sie zu überwinden. In dieser Perspektive könnte der Schmerz, den wir erleben, das Ergebnis von vergangenen Fehlern oder falschen Entscheidungen sein, die nun in einer neuen, aber ähnlichen Form wieder auftauchen, um uns eine Lektion zu lehren. Das Universum in dieser Theorie ist nicht grausam oder ungerecht, sondern ein Ort der Erziehung und der Reifung. In dieser Welt wäre jeder Konflikt, den wir erleben, ein Spiegelbild von inneren Unausgeglichenheiten. Wenn jemand beispielsweise ständig von negativen Emotionen wie Wut oder Neid getrieben wird, könnte er wiederholt in Situationen geraten, in denen diese Emotionen auf die Probe gestellt werden – etwa durch Streit, Ungerechtigkeit oder Missverständnisse. Jedes Mal, wenn er auf diese Herausforderungen trifft, hätte er die Möglichkeit, sich zu ändern, seine Reaktionen zu überprüfen und sich weiterzuentwickeln. Die Frage ist nicht, ob der Konflikt vermeidbar ist, sondern wie das Wesen auf ihn reagiert. Kann es sich von seinen negativen Tendenzen befreien und einen besseren, gerechteren Weg finden?

Durch diese ständigen Herausforderungen würde ein Prozess der karmischen Entwicklung stattfinden. Karmisch im Sinne der Auswirkungen des eigenen Handelns und Denkens auf die Welt. Jedes Wesen würde sich mit den Konsequenzen seiner vergangenen Taten konfrontiert sehen, und zwar nicht als eine Strafe, sondern als eine Gelegenheit zur Selbstreflexion und -verbesserung. Dieser Prozess wäre nicht sofort oder vollständig, sondern würde sich über viele Lebenszyklen und Erfahrungen hinweg entfalten. Der Begriff des „Karmas" wird in diesem Kontext nicht als eine ewige Last verstanden, sondern als eine Lernkurve. Die Herausforderungen und Leiden, die einem Wesen begegnen, würden nicht darauf abzielen, es zu brechen, sondern ihm die Möglichkeit geben, sich von den Fesseln seiner eigenen Unzulänglichkeiten zu befreien. Die moralische Entwicklung in einer solchen Welt würde darauf abzielen, die negativen Aspekte des eigenen Charakters zu überwinden – sei es Egoismus, Arroganz oder Mangel an Empathie. Anstatt in einem Zustand der Strafe festzustecken, wäre der Strafplanet ein Ort, an dem diese Schwächen durch bewusste Anstrengung und positive Veränderung korrigiert werden können. Jedes Wesen wäre dazu eingeladen, die Verantwortung für sein Handeln zu übernehmen, die Auswirkungen seiner Entscheidungen zu erkennen und bewusst auf einen höheren Weg hinzuarbeiten.

Es gibt einen tiefen, spirituellen Aspekt in dieser Vorstellung: Das Leben auf einem Strafplaneten könnte als ein Prozess des Erwachens und der Erleuchtung betrachtet werden. Wie der Philosoph und Mystiker Gurdjieff einmal sagte: „Der Mensch ist nicht der, der er zu sein scheint. Er ist in einem Schlaf, aus dem er erwachen muss." In dieser Sichtweise könnte das Leben auf einem Strafplaneten nicht nur die Notwendigkeit einer moralischen, sondern auch einer spirituellen Entwicklung beinhalten – einer Reise hin zu einem tieferen Verständnis des Selbst, der Welt und des Universums. Indem die Wesen auf diesem Planeten immer wieder mit ihren Fehlern und Schwächen konfrontiert werden, haben sie die Gelegenheit, eine tiefere Erkenntnis zu erlangen – nicht nur über das Universum, sondern über sich selbst. Der Weg aus der Strafe heraus ist nicht der Weg der Verleugnung oder des Widerstands, sondern der der Annahme und Transformation. In dieser Sichtweise ist die Strafe nicht das Ende des Prozesses, sondern ein notwendiger Teil eines größeren Entwicklungszyklus. Die Simulation des Strafplaneten wäre in diesem Fall nicht darauf ausgerichtet, das Wesen zu unterdrücken oder zu quälen, sondern vielmehr dazu, es auf eine höhere Ebene des Bewusstseins und der Erkenntnis zu führen. Diese Reise ist in gewissem Sinne die Reise des menschlichen Bewusstseins, das durch die Schleier von Unwissenheit, Selbstsucht und Täuschung hindurch geht, um schließlich in einem Zustand der Weisheit und des Mitgefühls zu erwachen. So könnte das, was zunächst als Strafe erscheint, tatsächlich der Weg zur Befreiung und Erlösung sein. In einer solchen Welt wären Herausforderungen keine zufälligen Unannehmlichkeiten, sondern bedeutungsvolle Prüfungen, die den Weg zu einer höheren Existenz ebnen. Und vielleicht, wenn wir den Blick für den tieferen Sinn hinter unseren Schwierigkeiten schärfen, könnten wir die wahren Lektionen erkennen, die uns das Leben in seiner scheinbar schwierigen Form zu bieten hat. Die Erfahrung von Schmerz und Leid könnte in einer simulierten Realität eine entscheidende Rolle spielen, um die Entwicklung von Empathie und Mitgefühl zu fördern. In einer solchen Welt wäre das Leid nicht nur eine Strafe, sondern ein Werkzeug, das den Wesen hilft, zu einem tieferen Verständnis ihrer eigenen Handlungen und der Auswirkungen, die diese auf andere haben, zu gelangen. Der Schmerz, den wir erleben, könnte in diesem Szenario nicht zufällig oder bedeutungslos sein, sondern eine Gelegenheit zur Selbstreflexion und zum Wachstum. In einer Simulation, die darauf ausgerichtet ist, die moralische und spirituelle Entwicklung zu fördern, könnte Leid die Brücke sein, die uns zu einem höheren Verständnis führt.

In dieser Welt des „Strafplaneten" würde jeder Schmerz, jede Enttäuschung und jedes Missverständnis den betroffenen Wesen die Möglichkeit geben, die Perspektive der anderen zu erfahren. Was wäre, wenn die Wesen in dieser Simulation dazu gezwungen wären, den Schmerz, den sie anderen zufügen, selbst zu erleben? Wenn sie die Auswirkungen ihrer eigenen Taten auf die Welt und die Menschen um sie herum in einem sehr direkten, körperlichen und emotionalen Sinne spüren müssten? Dies könnte als eine Art von karmischem Lernen betrachtet werden, bei dem jeder Akt von Grausamkeit, Ignoranz oder Egoismus eine direkte Konsequenz in Form von persönlichem Leid hätte. Eine Welt, in der der Schmerz nicht nur eine Strafe ist, sondern eine Form der Erkenntnis, die dazu dient, die Wesen auf den richtigen Weg zu führen. Durch das Erleben von Schmerz und Leid könnten die betroffenen Entitäten auf die tiefere Wahrheit stoßen, dass niemand in einer isolierten Blase lebt – dass jede Handlung, jedes Wort, jedes Gefühl Auswirkungen auf andere hat.

In dieser Sichtweise wäre der Schmerz nicht nur eine individuelle Erfahrung, sondern auch eine soziale. Es könnte uns lehren, dass das, was wir anderen antun, letztlich auch uns selbst betrifft. Indem wir uns in die Position des Leidenden versetzen, würden wir lernen, die Perspektive der anderen zu verstehen und ihre Schmerzen nachzuvollziehen. Diese Erfahrung könnte die Grundlage für Empathie bilden, die Fähigkeit, das Leiden des anderen zu fühlen und darauf zu reagieren. Mitgefühl würde in diesem Szenario nicht aus einer abstrakten Philosophie oder einer moralischen Pflicht entstehen, sondern aus einer tiefen, persönlichen Erfahrung. Es ist eine Erkenntnis, dass der Schmerz, den wir erleben, und das Leid, das wir verursachen, Teil eines größeren, verbundenen Systems sind. Die Wesen in dieser Simulation würden gezwungen, sich mit ihren eigenen negativen Tendenzen auseinanderzusetzen – ob es nun um Egoismus, Gier, Ignoranz oder Ungerechtigkeit geht – und lernen, diese durch die Erfahrung von Schmerz zu überwinden. Jedes Mal, wenn sie jemand anderem Schaden zufügen, würden sie unmittelbar die Folgen dieses Handelns am eigenen Leib erfahren.

Die Simulation könnte so gestaltet sein, dass es keinen Ausweg gibt, der es einem Wesen ermöglichen würde, seinem eigenen Leid zu entkommen. Aber statt als eine endlose Strafe könnte dieser Zyklus des Schmerzes und der Konfrontation eine Methode sein, die Wesen zu verändern, zu erziehen und zu heilen. Vielleicht gibt es im Universum eine höhere Intelligenz oder ein übergeordnetes Ziel, das auf diese Weise das Bewusstsein der Wesen erwecken möchte, damit sie zu mehr Mitgefühl, Verständnis und moralischem Verhalten gelangen. Der Schmerz könnte ein notwendiges Übel sein, das uns auf den Weg der Reifung führt. Dieser Prozess des Leidens könnte auch dazu dienen, die Bedeutung von Vergebung und Heilung zu vermitteln. Wenn Wesen wiederholt den Schmerz erfahren, den sie anderen zugefügt haben, könnten sie die Bedeutung von Vergebung erkennen – sowohl die Notwendigkeit, sich selbst zu vergeben als auch anderen zu vergeben. Durch das Erleben der eigenen Fehltritte und der Konsequenzen, die sie verursachen, könnten die Wesen ein echtes Verständnis dafür entwickeln, wie wichtig es ist, in Einklang mit anderen zu leben und ihre Handlungen in einer Weise zu gestalten, die nicht nur ihrem eigenen Wohl dient, sondern auch dem Wohl der Gemeinschaft.

So könnte der „Strafplanet" eine tiefgreifende Lektion in Empathie und Mitgefühl bieten, indem er uns zwingt, den Schmerz zu erfahren, den wir verursachen, und durch diese Erfahrung zu lernen, wie wir uns selbst und anderen auf eine liebevollere und mitfühlendere Weise begegnen können. Es wäre eine Welt, in der jeder

Schmerz, jeder Verlust, jedes Missverständnis und jede Enttäuschung ein Schritt auf dem Weg zu einem besseren, weiseren und mitfühlenderen Selbst darstellt. Ein Universum, das uns nicht nur mit unseren eigenen Fehlern konfrontiert, sondern uns auch die Möglichkeit gibt, diese Fehler zu erkennen, zu akzeptieren und uns selbst sowie andere zu heilen. In dieser Simulation könnte das Leid nicht das Ende des Weges sein, sondern vielmehr der Anfang einer Reise, die uns zu einem tieferen Verständnis von uns selbst und unserer Verbindung mit der Welt führt.

Wenn dieses Universum tatsächlich von einer überlegenen Intelligenz oder einer höheren Macht erschaffen wurde, die die Kontrolle über diese Simulation hat, wie könnte sie dann Strafen verhängen? Welche Mechanismen könnten eingesetzt werden, um die Wesen, die auf diesem Planeten leben, zu disziplinieren und sie gleichzeitig zu erziehen? Die Antwort auf diese Fragen könnte komplex und vielschichtig sein, da sie eine Mischung aus Wiederholung, Täuschung und subtiler Kontrolle umfassen könnte.

Eine der naheliegendsten Methoden, wie Strafe in einer simulierten Realität vollzogen werden könnte, ist die Reinkarnation. In diesem Szenario würde das Individuum nach dem Tod immer wieder in neuen Leben wiedergeboren, wobei jedes Leben neue Szenarien und Herausforderungen bieten würde, die es zu bewältigen gilt. Diese Zyklen könnten so gestaltet sein, dass sie dem Wesen immer wieder die gleichen oder ähnliche Fehler und Situationen präsentieren – ein endloser Prozess, in dem das Wesen keine vollständige Kontrolle hat. Jedes Leben wäre also nicht nur ein einfacher Durchgang, sondern ein weiterer Versuch, in einem bestimmten Bereich moralischer oder spiritueller Entwicklung voranzukommen. Angenommen, ein Wesen hat in seinem ersten Leben einen moralischen Fehler begangen – sei es durch Gier, Grausamkeit oder Betrug. In seinem nächsten Leben würde es in einer Umgebung wiedergeboren werden, in der es mit den gleichen oder ähnlichen Konflikten und Herausforderungen konfrontiert wird, aber jetzt mit einer tieferen Einsicht und der Möglichkeit, aus seinen Fehlern zu lernen. Doch solange es nicht die notwendigen Lektionen lernt, könnte es immer wieder in ähnliche Situationen zurückkehren, um sich der Konsequenzen seines Handelns zu stellen.

In dieser Perspektive wäre die Strafe nicht unbedingt eine Bestrafung im klassischen Sinne, sondern eine sich wiederholende Gelegenheit zur Selbstverbesserung. Die Wiederholung des Lebens wäre die Simulation, die dem Wesen eine Chance gibt, seine Fehler zu korrigieren, bis es schließlich in der Lage ist, den Zyklus zu durchbrechen und in eine höhere Existenzform oder eine andere Dimension überzugehen. Dies könnte als karmischer Lernprozeß verstanden werden, bei dem das Wesen seine eigenen Fehler erkennt, sie akzeptiert und sich von ihnen befreit.

Ein anderer Mechanismus, durch den eine Strafe in dieser simulierten Realität vollzogen werden könnte, ist das Fehlen von Wissen über die wahre Natur der eigenen Existenz. Die betroffenen Wesen könnten in eine Simulation eingetaucht sein, die so gestaltet ist, dass sie sich ihrer wahren Natur und ihrem wahren Ziel nicht bewusst sind. Sie könnten in einer falschen Wahrnehmung ihrer selbst gefangen sein, und ihre Umgebung könnte ihnen ständig falsche Hinweise darauf geben, was sie zu tun haben oder wie sie sich verhalten sollten. In dieser Sichtweise würde die Strafe nicht nur in äußeren Bedingungen manifestiert werden, sondern auch in der inneren Erfahrung des Individuums – in Form von Selbsttäuschung. Die Wesen wären nicht nur von der Wahrheit über ihre Existenz abgeschnitten, sondern sie wären auch durch die Simulation selbst in einem Zustand der Verwirrung oder falschen Überzeugung gefangen. Sie könnten sich selbst als getrennt von anderen Wesen erleben, in der Überzeugung, dass ihr Leben nur ihrem eigenen Vorteil dient, während die tiefere Wahrheit – dass alles miteinander verbunden ist – verborgen bleibt.

Diese Unwissenheit könnte eine wichtige Rolle in der Strafe spielen. Sie könnte verhindern, dass das Wesen in seiner Existenz weiterwächst, da es keine Einsicht in die Bedeutung seiner Taten oder in die größeren Zusammenhänge des Universums hat. In einer Welt, in der jeder Fehler Konsequenzen hat, aber diese Konsequenzen nicht sofort erkannt werden, könnte das Wesen immer wieder in die gleiche Spirale von Mißverständnissen und Fehlverhalten geraten. Die Strafe wird dann nicht nur durch äußere Umstände vollzogen, sondern auch durch das eigene Mißverständnis der eigenen Realität. Die verborgenen Wahrheiten könnten auch dazu führen, dass das Wesen in einer ständigen Entfremdung lebt – nicht nur von anderen, sondern auch von sich selbst. Diese Entfremdung könnte die Strafe verschärfen, da das Wesen sich selbst und seine eigenen Bedürfnisse und Wünsche nicht vollständig versteht. Die Simulation könnte als eine Art geistige Dunkelheit konzipiert sein, in der das Wesen nach Wahrheit sucht, sie aber immer wieder nicht finden kann, weil die Illusion der Trennung ständig aufrechterhalten wird. In dieser Sichtweise könnte der Strafplanet ein Ort sein, an dem das Wesen, obwohl es nach Erleuchtung strebt, immer wieder mit seinen eigenen falschen Wahrnehmungen und Überzeugungen konfrontiert wird, die es davon abhalten, die tiefere Wahrheit zu erkennen.

Ein weiteres, noch subtileres Konzept für die Vollstreckung der Strafe könnte darin bestehen, dass die Simulation als eine „Falle" für die betroffenen Wesen gestaltet ist. Diese Falle würde den Wesen das Gefühl geben, dass sie in ihrem Leben Kontrolle haben und Entscheidungen treffen können, während sie tatsächlich in einem vorbestimmten, begrenzten System gefangen sind. Die Simulation würde so konzipiert sein, dass sie die Illusion von Freiheit und Selbstbestimmung aufrechterhält, während die Wesen in Wahrheit in einem ständigen Zyklus von Herausforderungen und Misserfolgen gefangen sind, ohne die Möglichkeit, diesem Kreislauf zu entkommen. In einer solchen „Falle" könnten die Wesen ständig mit Schwierigkeiten konfrontiert werden, die sie nicht vollständig verstehen oder überstehen können. Jedes Mal, wenn sie glauben, dass sie ein Problem gelöst haben, tauchen neue Herausforderungen auf, die ihnen erneut das Gefühl geben, sie hätten Fortschritte gemacht, nur um dann wieder in die gleiche Situation zurückzukehren. Die Simulation würde den Wesen das Gefühl von Kontrolle und Wahl lassen, während sie tatsächlich nur die Illusion dieser Freiheit erfahren. Diese Falle könnte auf vielen Ebenen wirksam sein. Zum Beispiel könnten die Wesen immer wieder in Situationen geraten, in denen sie glauben, die richtigen Entscheidungen zu treffen, aber immer wieder das gleiche Ergebnis erleben. Das führt zu einer Endlosschleife von Wiederholungen, in der das Wesen nie wirklich vorankommt, sondern immer wieder denselben Punkt erreicht. Der Strafplanet könnte so als eine Art „Geistige Falle" fungieren, in der das Wesen in einem Zustand des falschen

Glaubens an seine eigene Entscheidungsfreiheit gefangen ist, während es tatsächlich in einem mechanischen Zyklus von Ursache und Wirkung lebt. Die „Falle" könnte auch die Erfahrung von Zufall und Chaos in die Simulation einfließen lassen, wodurch den Wesen das Gefühl vermittelt wird, dass sie keine wirkliche Kontrolle über ihr Leben haben. Sie könnten glauben, dass sie nur von äußeren Umständen beeinflusst werden, ohne zu verstehen, dass die Ereignisse um sie herum in Wirklichkeit von der höheren Intelligenz der Simulation orchestriert werden, um sie zu einer Erkenntnis zu führen. Diese Erkenntnis könnte eine der härtesten Lektionen auf dem Strafplanet sein – dass das Leben nicht nur eine Reihe von zufälligen Ereignissen ist, sondern ein strukturierter Prozess der Entwicklung und Transformation.

Die Frage, wie eine Strafe auf einem Strafplaneten in einer simulierten Realität vollzogen werden könnte, führt uns zu tiefgreifenden Überlegungen über Freiheit, Verantwortung und das Verhältnis zwischen Ursache und Wirkung. In dieser Welt könnten die Wesen durch eine Vielzahl von Mechanismen – von wiederholten Lebenszyklen über verborgene Wahrheiten bis hin zu subtilen Fallen – gezwungen werden, ihre eigenen Fehler zu erkennen und zu überwinden. Diese Prozesse sind nicht einfach Strafen im traditionellen Sinne, sondern vielmehr Lehrmethoden, die darauf abzielen, das Wesen zu einer tieferen Erkenntnis und zu einer höheren Existenzform zu führen. Der Strafplanet könnte somit als ein Instrument zur spirituellen und moralischen Entwicklung fungieren, das uns sowohl mit unseren Schwächen konfrontiert als auch mit der Möglichkeit, diese zu überwinden.

Der Luxus der Simulation – Ein Planet für die Elite

Stellen Sie sich, im Gegensatz zum Strafplaneten, vor, diese Welt, in der wir leben, sei nicht nur ein Ort für moralische Prüfungen, spirituelle Entwicklung oder karmische Zyklen. Was, wenn sie vielmehr ZUGLEICH als eine Art exklusiver Freizeit- und Vergnügungspark für die Reichen und Mächtigen dieser Welt konzipiert wurde? Ein Planet, der speziell darauf ausgelegt ist, den Eliten der Gesellschaft alles zu bieten, was sie sich nur erträumen können. Es wäre kein gewöhnlicher Ort, sondern ein maßgeschneiderter Erholungsraum für diejenigen, die über das notwendige Kapital und die Macht verfügen, um an diesem „Luxus-Urlaub" teilzunehmen. In einer solchen Simulation wären die Teilnehmer, die als „Kunden" bezeichnet werden könnten, die wahren Herrscher ihres Universums. Die Regeln des Spiels wären so gestaltet, dass sie jederzeit die Kontrolle über ihre Welt und ihre Umgebung behalten könnten. Hier könnte es keine wirklich „negativen" Erfahrungen geben – zumindest keine, die nicht von den „Kunden" selbst gewählt oder manipuliert werden könnten. Alles würde darauf abzielen, ihre höchsten Wünsche zu erfüllen, während sie gleichzeitig in einer Welt existieren, die vollkommen ihren eigenen Vorstellungen entspricht. Die Struktur dieser Simulation könnte unglaublich vielfältig und flexibel sein, je nachdem, welche Wünsche und Vorstellungen die „Kunden" haben. Die Simulation könnte mit atemberaubenden Landschaften und Architektur gestaltet sein, die dem individuellen Geschmack jedes Teilnehmers entsprechen. Luxusanwesen auf endlosen Hügeln, Yachten, die über das klarste Wasser gleiten, private Inseln im tropischen Paradies, alles könnte nach Wunsch erschaffen werden. Jeder Raum, jedes Gebäude, jeder Horizont könnte in einer Art maßgeschneiderten Design existieren, das demjenigen, der zahlt, unendliche Freude bereitet.

In einer solchen Welt wären die sozialen Schichten klar definiert – aber nicht in der Weise, wie wir sie kennen. Statt dessen könnten die Teilnehmer der Simulation als die höchsten Mitglieder einer exklusiven Gesellschaft auftreten. Ihre Häuser und Anwesen wären wahre Kunstwerke der Architektur, ausgestattet mit den neuesten

Technologien, die ein Leben der Perfektion und des Luxus ermöglichen. In einer Welt, die wie eine lebendige virtuelle Realität funktioniert, könnte der Unterschied zwischen Reichtum und Armut in der Menge und Art der erlebbaren Erfahrungen liegen. Diejenigen, die Teil dieser Elite sind, könnten in einer Welt leben, in der der Zugang zu allem, was sie wollen, grenzenlos erscheint. Die Mitglieder dieser exklusiven Gesellschaft könnten alles tun, was ihr Herz begehrt: Fliegen, reisen, sich in exotischen Orten aufhalten, an den besten Partys teilnehmen, mit den schönsten Menschen verkehren. Es gäbe keine „restriktiven" Normen, keine Gesetze, die sie in irgendeiner Weise beschränken würden. Sie könnten die Sonne in einem Palast in Griechenland genießen, die beste kulinarische Erfahrung in einer luxuriösen Stadt genießen oder auf einem Privatjet fliegen, das von der neuesten Technologie betrieben wird, um an jedem Ziel der Welt in weniger als einer Stunde zu landen.

Ein weiteres beeindruckendes Element einer solchen Simulation wäre die „Beschäftigung" von perfekt programmierten Menschen, die genau dazu geschaffen wurden, um die Eliten zu begleiten. Diese „Begleiter" wären keine gewöhnlichen Figuren, sondern auf die Wünsche der Teilnehmer zugeschnittene Individuen, die in jeder Hinsicht perfekt sind – sei es durch äußeres Aussehen, Charme oder die Fähigkeit, jederzeit das zu tun, was ihre „Kunden" verlangen. Diese Begleiter wären nicht nur für Gesellschaft und Unterhaltung da, sondern auch für die Erfüllung aller Wünsche, die dem Teilnehmer in den Sinn kommen könnten.

Diese Realität der Simulation würde es den „Kunden" auch ermöglichen, jeden Aspekt ihres Lebens zu kontrollieren – von den Freundschaften, die sie pflegen, bis hin zu den Herausforderungen, die sie annehmen möchten. Wenn das Bedürfnis nach Abwechslung oder Spannung aufkommt, könnte ein „Event" oder eine „Herausforderung" in die Simulation eingeführt werden, die den Luxus und die Freude, die sie genießen, sogar noch aufregender machen würde. Vielleicht würde eine „Woche in der Wildnis" angeboten, bei der die Teilnehmer auf ein Abenteuer geschickt werden, das ihnen eine völlig andere Erfahrung der Welt bietet, während sie in der Sicherheit und den Grenzen der Simulation bleiben.

Die Simulation könnte auch so gestaltet sein, dass sie den Kunden ständige Bestätigung und Bewunderung verschafft. In dieser Welt wären sie immer beliebt, immer bewundert und immer willkommen, egal in welchem sozialen Kontext sie sich bewegen. Die glamourösen Partys und Veranstaltungen, die sie besuchen würden, wären von einer Exklusivität und Opulenz geprägt, die jede Vorstellungskraft übertreffen. Schönste Menschen, die idealisiert und perfekt programmiert wären, würden als „Gäste" auftreten und für die Teilnahme an diesen Events zur Verfügung stehen. Diese Simulation wäre eine perfekte Welt der Oberflächlichkeit, in der der Kunde immer die Kontrolle hat, um sich zu zeigen und die Gesellschaft zu genießen, die er für sich selbst bestimmt. Ein herausragendes Merkmal einer solchen Simulation könnte auch die Möglichkeit sein, dass die „Kunden" nie mit den Einschränkungen konfrontiert werden, die die menschliche Existenz in der realen Welt begleiten. Gesundheit, ewige Jugend und das Fehlen von Krankheit könnten als selbstverständliche Gegebenheiten betrachtet werden. Niemand in dieser exklusiven Simulation müsste sich Sorgen um das Altern machen oder sich mit den physischen Beschwerden des Lebens auseinandersetzen.

Dank der fortschrittlichsten medizinischen Technologien innerhalb der Simulation könnten die „Kunden" ihre perfekten Körper beibehalten, ihre jugendliche Ausstrahlung nie verlieren und immer in der besten physischen Verfassung sein. Krankheit und Altern würden zu Konzepten werden, die weit außerhalb der Realität dieser Simulation liegen. Man könnte sagen, dass der Körper zu einer perfekten Maschine würde, die nie ausfällt, nie verletzt wird und immer optimal funktioniert. In einer Welt, in der die Wünsche des Teilnehmers das ultimative Ziel sind, wären gesundheitliche Einschränkungen einfach nicht relevant. Die Wahrnehmung der Zeit und des Raumes wäre ein weiteres interessantes Element. In dieser Simulation könnten die „Kunden" das Gefühl haben, dass die Zeit für sie stehen bleibt oder sich nach ihren eigenen Wünschen dehnt und verkürzt. Lange Partys, exklusive Feiern und aufregende Abenteuer würden sich über Wochen oder Monate ausdehnen, ohne dass der Eindruck von Erschöpfung oder Abnutzung entsteht. Jeder Tag würde wie eine neue Entdeckung erscheinen, und die Teilnehmer könnten jederzeit in die Realität eintauchen, die sie sich gerade wünschen. Die „Partys" wären ein Paradebeispiel für diese außergewöhnliche Welt. Sie würden nicht nur von reichen, einflußreichen und attraktiven Menschen besucht werden, sondern auch von einer perfekten, simulierten Gesellschaft, die jederzeit genau das tut, was der Kunde erwartet. Sie wären stets die Mittelpunkte der Aufmerksamkeit, immer in den besten Kreisen verkehrend, während gleichzeitig alle Bedürfnisse und Wünsche auf magische Weise erfüllt werden.

Natürlich stellt sich die Frage, wer hinter einer solchen Simulation stecken könnte. Die Antwort könnte in einer überlegenen Klasse von Wesen liegen, die die Technologie besitzen, um diese Simulation zu erschaffen. Diese Wesen könnten durch ihre eigenen Bedürfnisse und Überlegungen gesteuert werden, in einer Welt, in der Luxus und Vergnügen das ultimative Ziel sind. Möglicherweise handelt es sich bei diesen Wesen um eine Mischung aus übermenschlichen Entitäten oder fortgeschrittenen KI-Systemen, die sich auf die Schaffung und Verwaltung solcher exklusiven Welten spezialisiert haben.

Für sie könnte dieser Planet ein riesiges Geschäft sein – ein lukrativer Markt, in dem nur die obersten Prozentsätze der Bevölkerung Zugang zu dieser perfekten Welt haben. Die Simulation könnte als eine Art Super-Vergnügungspark dienen, der es den Reichen und Mächtigen ermöglicht, für unbestimmte Zeit das Leben zu genießen, das sie in der realen Welt nie zu erfahren bekommen würden. Es könnte sich um ein gigantisches Geschäftssystem handeln, in dem immer mehr „Kunden" nach einem unbeschwerten Leben in dieser perfekten Illusion streben, während sie sich gleichzeitig von der echten Welt der physischen und gesellschaftlichen Probleme entfernen.

In einer Welt, in der die Elite eine Simulation als ihre perfekte Freizeit- und Vergnügungswelt genießt, könnte die Frage aufkommen, was passiert, wenn diese Simulation in Gefahr gerät. Was, wenn plötzlich das Gleichgewicht der Simulation gestört wird oder unerwartete Bedrohungen auftreten, die das Leben der „Kunden" gefährden? In einer solchen hochentwickelten Simulation könnten verschiedene Mechanismen eingeführt werden, die es den Eliten ermöglichen, die Simulation sofort zu verlassen und in die „echte" Welt zurückzukehren – ein Notausstieg, der sie vor potentiellen Gefahren schützt.

Die erste Option für die Elite könnte ein automatisches Flucht-Protokoll sein, das durch hochentwickelte KI oder Systemarchitekten innerhalb der Simulation überwacht wird. Dieses Protokoll könnte so gestaltet sein, dass es in dem Moment aktiviert wird, in dem ein unvorhergesehenes, gefährliches Ereignis erkannt wird. Dies könnte von einer natürlichen Katastrophe innerhalb der Simulation bis hin zu einer Bedrohung durch eine andere Simulation oder ein externes System reichen. Wenn die KI oder das System eine Bedrohung für das Leben oder das Wohlbefinden der Teilnehmer erkennt, würde der Notausstieg sofort aktiviert. Dieser automatisierte Ausstieg würde die Elite sofort aus der Simulation „herausziehen", um sie vor der Gefahr zu schützen. In der Praxis könnte dies bedeuten, dass der Teilnehmer in der Simulation plötzlich „eingefroren" oder in einen sicheren Zustand versetzt wird, bis er die Möglichkeit hat, in die „echte" Welt zurückzukehren. Es würde keinerlei Verzögerung oder Zeitverlust geben – alles wäre darauf ausgerichtet, den Teilnehmer ohne Umschweife zu retten. Sobald der Ausstieg erfolgt ist, würde der Elite-Teilnehmer wieder in der realen Welt aufwachen, möglicherweise ohne jegliche Erinnerung an das, was während der Simulation passiert ist.

Eine weitere Möglichkeit für die Elite, die Simulation zu verlassen, wäre die manuelle Entscheidung. In dieser Variante hätten die Teilnehmer die völlige Kontrolle über den Moment des Ausstiegs. Falls sie eine Gefahr in der Simulation erkennen oder sich unsicher fühlen, könnten sie den „Ausgangsknopf" drücken – ein Notfallmechanismus, der ihnen erlaubt, sofort zu entkommen. Dieser Knopf könnte eine virtuelle Oberfläche oder ein Interface innerhalb der Simulation darstellen, das immer zugänglich ist, aber nicht aktiv angezeigt wird, es sei denn, der Benutzer entscheidet sich bewusst, ihn zu aktivieren. Im Moment der Entscheidung würde das gesamte System eine sofortige Rückkehr zur realen Welt ermöglichen. Diese Möglichkeit der manuellen Entscheidung bietet den Elite-Teilnehmern die Kontrolle und die Freiheit, sich jederzeit aus der Simulation zu befreien, ohne von einem automatischen System abhängig zu sein. Doch gleichzeitig könnte dies auch die Problematik aufwerfen, dass die Elite möglicherweise die Verantwortung für die potentiellen Konsequenzen ihrer Handlungen innerhalb der Simulation nicht übernehmen muss. Sie könnten die Simulation verlassen, wann immer sie es für richtig halten, während die anderen, „normalen" Teilnehmer in der Simulation bleiben müßten.

Die dritte Möglichkeit für die Elite, die Simulation zu verlassen, könnte ein geheimes, exklusives Ausstiegssystem sein, das nur für die Reichen und Mächtigen zugänglich ist. Diese Funktion würde nicht öffentlich bekannt sein und könnte auf einem Level von Privilegien und Geheimhaltung basieren, das es der Elite ermöglicht, selbst bei großen Gefahren einen sicheren Fluchtweg zu finden. Ein solches Ausstiegssystem könnte in Form eines geheimen, von der Simulation getrennten Netzwerks existieren – einer Art „Hintertür" oder verborgenem Kanal, der nur für Mitglieder der Elite zugänglich ist. Bei drohenden Gefahren, wie etwa einem Zusammenbruch des Simulationssystems oder einem anderen gefährlichen Szenario, könnte ein solcher Ausgang automatisch aktiviert oder auf Wunsch des Benutzers freigegeben werden. Durch diesen exklusiven Zugang würden die Teilnehmer in der Lage sein, das gesamte Simulationserlebnis zu verlassen und in ihre physische Realität zurückzukehren. Das Besondere an dieser Option ist, dass sie eine zusätzliche Dimension der Kontrolle und Macht bietet. Die Elite würde über ein System verfügen, das den „normalen" Teilnehmern der Simulation nicht zugänglich ist – ein exklusiver, sicherer Ausstieg, der sie von den möglichen Auswirkungen einer misslungenen Simulation oder eines gefährlichen Szenarios schützt. In einer solchen Welt wären die Unterschiede zwischen denen, die an der Simulation teilnehmen, und denen, die die Welt von außen beobachten, klar und tiefgreifend.

Ein solcher „Luxusplaneten[19]" als Simulation für zahlungskräftige Kunden könnte eine faszinierende und zugleich dystopische Reali-

---

[19] Haben Sie sich noch nie gefragt, warum die sozialen und wirtschaftlichen Strukturen unserer Gesellschaft oft diejenigen, die bereits über Kapital, Ressourcen und

tät darstellen. Hier könnten die Reichen und Mächtigen ihre tiefsten Wünsche nach einer Welt ohne Mängel oder Einschränkungen ausleben. Sie könnten in einer Welt leben, in der alle Wünsche in Erfüllung gehen, die Gesellschaft perfekt ist und der Körper unvergänglich bleibt. Doch während dieses Szenario ein faszinierendes Bild eines ultimativen Vergnügungsparks für die Elite malt, wirft es auch tiefgreifende Fragen zu den moralischen Implikationen der Schaffung einer solchen Welt auf. Wer würde für das Wohl derer sorgen, die in einer Welt leben, in der sie nie mit den Herausforderungen des Lebens konfrontiert werden? Und was könnte in einer solchen Simulation passieren, wenn das Spiel zu Ende geht?

In einer Simulation, die speziell für die Unterhaltung und das Vergnügen der Elite geschaffen wurde, erscheint es durchaus sinnvoll, den Teilnehmern jederzeit die Möglichkeit zu geben, die Simulation zu verlassen, wenn eine Bedrohung auftritt. Ob durch ein automatisiertes Fluchtprotokoll, eine manuelle Entscheidung oder ein exklusives Ausstiegssystem – der Schutz der Elite vor möglichen Gefahren hätte in einem solchen Szenario oberste Priorität. Die Reichen und Mächtigen könnten sich jederzeit in Sicherheit wiegen, in dem Wissen, dass sie die Kontrolle über ihren Ausgang haben.

Netzwerke verfügen, begünstigen? Für viele Menschen, die hart arbeiten und fleißig sind, bleibt der Aufstieg auf die höchste Ebene in der Gesellschaft eine schwierige Herausforderung, selbst wenn sie ihr Bestes geben. Dies liegt unter anderem an den bestehenden Steuersystemen und Gesetzen, die nicht immer gerecht sind. Die oberen Einkommensschichten haben oft Zugang zu finanziellen Schlupflöchern, Steuervorteilen und Offshore-Konten, die es ihnen ermöglichen, Vermögen zu verstecken oder ihre Steuerlast drastisch zu senken. Im Gegensatz dazu sind die meisten Menschen, die ihr Einkommen aus regulären Jobs beziehen, an hohe Steuersätze gebunden, ohne von denselben Vorteilen zu profitieren. Ihr Vermögen wird zunehmend durch direkte Steuern und indirekte Kosten (wie Mehrwertsteuer) verringert. Die Schere zwischen den Reichen und den weniger Privilegierten wird durch diese Ungleichgewichte weiter vergrößert. Während die Elite ihre Steuerschuld minimieren und von speziellen rechtlichen Konstrukten profitieren kann, sind der breiten Bevölkerung die Ressourcen und das Wissen, diese Strategien zu nutzen, oft nicht zugänglich. Zusammengefasst hindern Steuersysteme, ungleiche Chancen und gesetzliche Rahmenbedingungen viele Menschen daran, den wirtschaftlichen Aufstieg zu erreichen, während die Wohlhabenden ihre Position durch raffinierte Steuerstrategien ausbauen können.

Doch während diese Mechanismen eine komfortable und sichere Existenz bieten, werfen sie tiefgreifende ethische und moralische Fragen auf.

Was passiert mit denen, die nicht die gleichen privilegierten Ausstiegsmöglichkeiten haben? Wer trägt die Verantwortung für das, was innerhalb der Simulation passiert, wenn die Elite jederzeit die Möglichkeit hat, in letzter Instanz zu fliehen? Und wie würde sich ein solches System langfristig auf die soziale Struktur innerhalb der Simulation auswirken? Diese Fragen werfen einen Schatten auf die vermeintlich perfekte Welt der Elite und bringen zum Vorschein, wie fragwürdig ein solches System in Bezug auf Gerechtigkeit und Verantwortung sein könnte. Würde sich eine Gesellschaft innerhalb der Simulation entwickeln, die nur das Vergnügen und die Wünsche der Privilegierten erfüllt, während die anderen Teilnehmer in einem ungleichen und ungerechten Zustand verbleiben?

Doch während dieses Szenario ein verlockendes Bild eines ultimativen Vergnügungsparks für die Elite malt, werfen die moralischen Implikationen der Schaffung einer solchen Welt ebenso große Bedenken auf. Wer würde für das Wohl derer sorgen, die in einer Welt leben, in der sie nie mit den Herausforderungen des Lebens konfrontiert werden? Welche Art von Gesellschaft würde in einer Umgebung gedeihen, in der der Zugang zu „echtem" Leid, Wachstum und echter Erfahrung zu einem luxusgesteuerten System verzerrt wird? Und vor allem: Was würde in einer solchen Simulation passieren, wenn das Spiel zu Ende geht? Was passiert mit den Teilnehmern, wenn der Spaß vorbei ist, wenn die künstlich erschaffene Welt von den Erschaffern beendet oder verändert wird? Werden sie sich der Grenzen ihrer Existenz bewusst oder einfach von der Simulation „entlassen", ohne je wirklich mit den Konsequenzen ihres Lebens konfrontiert worden zu sein?

In einer solchen Welt könnte die Elite als die einzige Gruppe von Individuen gesehen werden, die wirklich „frei" ist – die Freiheit, jederzeit zu gehen, wann immer es ihnen gefällt, während alle anderen Teilnehmer, die nicht über diese Privilegien verfügen, in der Simulation gefangen bleiben. Dieses Ungleichgewicht würde zu einer verzerrten, möglicherweise entfremdeten Wahrnehmung der Realität führen. Eine Gesellschaft könnte entstehen, die ihre Existenz und ihre Entwicklung nicht in der Auseinandersetzung mit echten Problemen und Herausforderungen sieht, sondern in der ständigen Erfüllung ihrer Wünsche.

Diese Gedanken führen uns zu einem tieferen, kritischeren Blick auf die Natur der Simulation als solchen. Wäre ein solcher Luxusplanet wirklich eine nachhaltige und gerechte Lösung für alle? Könnte die Menschheit langfristig auf einem solchen System existieren, das den „normalen" Teilnehmern nichts anderes als eine Plattform bietet, auf der ihre Wünsche erfüllt, aber ihre moralischen und spirituellen Herausforderungen nicht gefördert werden? Die Vorstellung eines luxuriösen Vergnügungsplaneten für die Elite ist verlockend, aber sie wirft unweigerlich die Frage auf, ob ein solches System letztlich das wahre Wohl aller beteiligten Wesen erreichen kann. Wer sind die wahren Gewinner in einem solchen Szenario? Und wer trägt die Last der Verantwortung für die moralischen und ethischen Defizite einer solchen, scheinbar perfekten Welt?

Die Unmöglichkeit der endgültigen Antwort

Trotz aller Spekulationen, aller philosophischen, wissenschaftlichen und spirituellen Ansätze bleibt diese Frage letztendlich unbeantwortbar. Solange wir keine direkten Beweise oder eindeutigen Hinweise auf die Existenz einer solchen Simulation haben, bewegen wir uns im Reich der Hypothesen und Vermutungen. Selbst wenn wir eines Tages Beweise dafür finden würden, dass wir in einer Simulation leben, wäre es möglicherweise unmöglich, die Natur oder die Identität der Schöpfer zu bestimmen. Diese Unmöglichkeit einer endgültigen Antwort ist sowohl faszinierend als auch beunruhigend, denn sie zwingt uns, uns mit den Grenzen unseres Wissens und unserer Vorstellungskraft auseinanderzusetzen.

Die Simulationstheorie, so anregend sie auch sein mag, bleibt eine Spekulation, die auf Annahmen und dennoch ernst zu nehmenden Indizien beruht. Die Entdeckung von fehlerkorrigierenden Codes in den fundamentalen Gleichungen der Physik, wie sie Dr. James Gates beschrieben hat, ist zweifellos ein interessanter Hinweis. Doch selbst wenn solche Codes existieren, beweisen sie nicht zwangsläufig, dass wir in einer Simulation leben. Sie könnten auch einfach ein Ausdruck der mathematischen Struktur des Universums sein, ohne dass dies auf eine programmierte Realität hindeutet. Die Grenze zwischen einer natürlichen und einer künstlichen Realität ist fließend, und ohne konkrete Beweise bleibt die Simulationstheorie eine philosophische Möglichkeit, die sich unserer empirischen Überprüfung entzieht.

Selbst wenn wir annehmen, dass wir in einer Simulation leben, stellt sich die Frage, ob wir jemals in der Lage sein werden, die Schöpfer dieser Simulation zu identifizieren oder zu verstehen. Die Schöpfer könnten so weit fortgeschritten sein, dass ihre Natur und ihre Motivationen für uns unbegreiflich sind. Sie könnten außerhalb unserer Raumzeit existieren, in einer höheren Dimension oder in einer völlig anderen Realität, die wir nicht wahrnehmen oder begreifen können. In diesem Fall wäre die Frage nach ihrer Identität und ihren Absichten ähnlich wie der Versuch, die Gedanken eines Gottes zu ergründen – eine Aufgabe, die unsere kognitiven Fähigkeiten bei weitem übersteigt.

Hinzu kommt die Möglichkeit, dass die Schöpfer selbst Teil einer größeren Simulation sind. In diesem Szenario wäre unsere Simulation nur eine Ebene in einer möglicherweise unendlichen Hierarchie von simulierten Realitäten. Jede Ebene hätte ihre eigenen Schöpfer, die wiederum von einer höheren Ebene erschaffen wurden. Diese Vorstellung führt zu einem unendlichen Regress, der die Frage nach dem Ursprung der Realität noch komplexer und undurchdringlicher macht. Wenn es keine letzte, ursprüngliche Realität gibt, sondern nur eine endlose Kette von Simulationen, dann ist die Suche nach einer endgültigen Antwort möglicherweise zum Scheitern verurteilt.

Die Unmöglichkeit einer endgültigen Antwort wirft auch grundlegende Fragen über die Natur der Erkenntnis und die Grenzen des menschlichen Verstandes auf. Sind wir überhaupt in der Lage, die wahre Natur der Realität zu verstehen, oder sind unsere kognitiven Fähigkeiten zu begrenzt, um solche Fragen zu beantworten? Die Simulationstheorie erinnert uns daran, dass unser Verständnis der Welt immer nur ein Ausschnitt der möglichen Wahrheiten ist. Wir sind gefangen in unserer eigenen Perspektive, in unserer eigenen Realität, und was jenseits davon liegt, bleibt uns möglicherweise für immer verborgen. Dennoch ist die Unmöglichkeit einer endgültigen Antwort kein Grund, die Suche nach der Wahrheit aufzugeben. Im Gegenteil, sie ist eine Einladung, weiter zu forschen, weiter zu spekulieren und weiter zu träumen. Die Simulationstheorie, so spekulativ sie auch sein mag, regt unsere Vorstellungskraft an und fordert uns heraus, die Grenzen unseres Wissens zu erkunden. Sie zwingt uns, über die grundlegenden Aspekte unserer Existenz nachzudenken: Wer sind wir? Woher kommen wir? Und was ist die wahre Natur der Realität? Diese Fragen sind nicht nur wissenschaftlich oder philosophisch relevant, sondern auch existenziell. Sie berühren das Herz dessen, was es bedeutet, Mensch zu sein.

Die Simulationstheorie führt uns in die Tiefen der Philosophie, Wissenschaft, Spiritualität und Metaphysik. Sie verbindet antike philosophische Konzepte mit modernen technologischen Vorstellungen und eröffnet neue Perspektiven auf die Natur der Realität. Ob es sich bei den Schöpfern der Simulation um eine zukünftige

Zivilisation, eine außerirdische Intelligenz, eine künstliche Superintelligenz, einen göttlichen Schöpfer oder etwas völlig anderes handelt, bleibt vorerst eine offene Frage. Jede dieser Möglichkeiten bietet eine einzigartige Sichtweise auf unsere Existenz und lädt uns ein, über die Grenzen unserer Vorstellungskraft hinauszudenken.

Was jedoch klar ist, ist, dass die Simulationstheorie uns dazu zwingt, uns mit den grundlegenden Aspekten unserer Existenz auseinanderzusetzen. Sie erinnert uns daran, dass unsere Realität möglicherweise nicht das ist, was sie zu sein scheint, und dass die Wahrheit jenseits unserer Wahrnehmung liegen könnte. Solange wir keine definitiven Antworten haben, bleibt die Simulationstheorie eine beeindruckende Möglichkeit, die unsere Neugier weckt und uns dazu auffordert, die Grenzen unseres Wissens zu erkunden. Sie ist eine Einladung, weiter zu fragen, weiter zu suchen und weiter zu träumen – selbst wenn wir wissen, dass die endgültige Antwort möglicherweise für immer außerhalb unserer Reichweite liegt.

Schlusswort

In diesem Buch haben wir uns auf eine Reise begeben, die uns tief in die Mysterien des Universums führt, wobei wir von den bahnbrechenden Erkenntnissen der Quantenmechanik bis hin zu den Fragen über die wahre Natur unserer Realität vorgedrungen sind. Die Ideen, die hier präsentiert werden, mögen den Leser zuweilen herausfordern, die vertraute Welt, die er täglich erlebt, in einem völlig neuen Licht zu sehen. Die Quantenphysik hat die Illusion einer festen, stabilen Materie entlarvt und uns statt dessen ein Bild einer dynamischen, sich ständig verändernden Realität gezeigt, die nur im Moment der Wahrnehmung und Interpretation als fest und real erscheint. Was wir für „materielle" Dinge halten, ist in Wirklichkeit nichts anderes als eine Ansammlung von Energie und Informationen, die in einem komplexen Geflecht miteinander verbunden sind. Doch diese Erkenntnis führt uns zu einer noch grundlegenderen Frage: Was ist die wahre Natur des Universums? Ist es wirklich das, was wir sehen und erleben, oder ist das alles nur ein Konstrukt – eine Simulation, die uns vorgaukelt, dass wir in einer festen, unveränderlichen Welt leben?

Die Vorstellung einer simulierten Realität, in der wir die Hauptfiguren in einem Spiel sind, das von einer übergeordneten Intelligenz entworfen und gesteuert wird, mag zunächst wie ein abwegiger Gedanke erscheinen. Doch die Theorien, die in der Wissenschaft und Philosophie immer mehr an Bedeutung gewinnen, werfen diese Frage auf und fordern uns heraus, unser Verständnis von Leben und Universum zu hinterfragen. Die Hypothese, dass unser Universum eine Simulation sein könnte, die von einer höheren Intelligenz erschaffen wurde, ist nicht mehr nur eine Frage von Science-Fiction, sondern wird zunehmend als ernstzunehmende Möglichkeit in wissenschaftlichen Kreisen diskutiert. Wenn wir wirklich in einer Simulation leben, stellt sich die Frage, wer die Schöpfer dieser Simulation sind, und was ihre Absichten und Ziele sind. Haben sie uns erschaffen, um zu lernen, zu wachsen oder vielleicht zu „prüfen"? Was, wenn die Struktur unserer Welt, so wie wir sie kennen, nur ein temporäres Experiment oder ein Testlauf in einem viel größeren, komplexeren System ist?

Gleichzeitig stellt sich die Frage, was diese Erkenntnisse über den freien Willen und die Kontrolle über unser eigenes Leben aussagen. Wenn das Universum tatsächlich ein Produkt einer Simulation ist, dann könnten wir – zumindest in gewissem Maße – vorbestimmte Bahnen folgen, die uns von den Schöpfern der Simulation vorgegeben wurden. In diesem Szenario wären die Entscheidungen, die wir treffen, möglicherweise nicht ganz so „frei", wie wir es uns oft einbilden. Dennoch könnten diese Erfahrungen in ihrer Gesamtheit die Möglichkeit bieten, zu lernen, zu wachsen und die Grenzen unserer Wahrnehmung zu erweitern. Vielleicht existiert der „freie Wille" nicht im Sinne der absoluten Freiheit, sondern vielmehr als ein Element innerhalb eines Systems, das uns dazu anregt, unser Bewusstsein und unsere Entscheidungen in einer Weise zu reflektieren, die zu einer höheren Erkenntnis führt.

Die Vorstellung von einer Simulation öffnet jedoch nicht nur Türen zu philosophischen Überlegungen, sondern führt auch zu spirituellen und religiösen Fragen. Wenn es tatsächlich eine Schöpfung oder einen Schöpfer gibt, der das Universum und unsere Existenz als Simulation entworfen hat, wie passt dies zu traditionellen religiösen Vorstellungen von Gott und der göttlichen Ordnung? Einige könnten argumentieren, dass eine solche Simulation den Gedanken an Gott und göttliche Schöpfung in Frage stellt, während andere sagen würden, dass sie das Konzept der göttlichen Schöpfung eher bestätigen könnte. Wenn wir davon ausgehen, dass diese Simulation – wie in vielen spirituellen und religiösen Texten beschrieben – einem höheren Zweck dient und das Ziel verfolgt, das Bewusstsein zu erweitern, das Lernen zu fördern und die Seele zu erheben, dann könnte die Idee einer simulierten Realität im Einklang mit dem Gedanken einer göttlichen Schöpfung stehen. Was, wenn der Demiurg, von dem viele antike Philosophen sprachen, in Wirklichkeit der Schöpfer der Simulation ist? Ein „Gott", der das Universum als ein gut konzipiertes, kohärentes System erschaffen hat, das den Bewohnern dieser Welt bestimmte Lektionen erteilt?

Die Frage, wer die Schöpfer dieser Simulation erschaffen hat, bleibt unausweichlich. Sind sie göttlicher Natur oder eher künstlicher Herkunft? Es gibt viele mögliche Antworten, aber keine endgültige. Und doch kann man sich vorstellen, dass hinter der Frage nach den Schöpfern der Simulation eine tiefere Wahrheit lauert – eine Wahrheit, die den Menschen zu einer Erkenntnis führen könnte, die über alles hinausgeht, was wir bislang verstanden haben. Für mich persönlich jedoch scheint es, dass die Vorstellung einer göttlichen Schöpfung eher die Theorie einer Simulation bestätigt als sie zu verwerfen. Wenn es einen Schöpfer gibt, könnte dieser Schöpfer uns nicht nur in eine physische Realität erschaffen haben, sondern auch in eine Matrix, die uns hilft, zu lernen, zu wachsen und uns selbst zu verstehen.

Die Illusion, die wir als „Welt" wahrnehmen, könnte also ebenso ein göttlicher Akt sein wie die physische Welt – ein Akt, der uns dazu anregt, die Wahrheit hinter der Fassade zu suchen, unsere wahre Natur zu entdecken und letztlich zu einem höheren Verständnis unserer Existenz zu gelangen. Als gläubiger Mensch gehe ich bei allem, was ich tue, erlebe und zu erwarten habe, stets von der Führung und Bestimmung durch Gott aus. Egal, ob die Welt, in der wir leben, eine Simulation ist oder nicht – es bleibt die Wahrheit, dass unser Leben und unser Handeln von einer höheren Macht gelenkt werden. Diese Perspektive prägt meine gesamte Weltsicht und meine Erkenntnisse in Bezug auf das Universum, die Realität und unseren Platz darin.

Die Idee einer simulierten Realität, die in vielen philosophischen und wissenschaftlichen Diskussionen immer wieder aufgegriffen wird, kann durchaus faszinierend und tiefgründig sein. Sie regt dazu an, über die Natur der Realität nachzudenken und zu hinterfragen, ob das, was wir als „wirklich" empfinden, tatsächlich die objektive Wahrheit ist oder nur eine Projektion eines übergeordneten Systems. Doch bei all diesen Spekulationen über die Existenz von Simulationen, künstlicher Intelligenz oder der Virtualität unserer Wahrnehmung gibt es einen fundamentalen Aspekt, den wir nicht aus den Augen verlieren sollten: unseren freien Willen.

Unabhängig davon, ob wir in einer „realen" oder einer simulierten Welt leben, bleibt der freie Wille das größte Gut, das uns als Individuen gegeben wurde. Er verleiht uns die Fähigkeit, selbst zu entscheiden, wie wir auf unsere Umwelt reagieren, welche Entscheidungen wir treffen und welche Werte wir vertreten. Diese Freiheit, zu wählen, ist der zentrale Punkt unserer Existenz. Sie ermöglicht es uns, uns selbst zu definieren, unser Leben zu gestalten und Verantwortung für unser Handeln zu übernehmen. In einer Welt, die uns möglicherweise immer wieder mit Herausforderungen und Zweifeln konfrontiert, bleibt es der freie Wille, der uns die Richtung vorgibt und uns als moralische Wesen auszeichnet. Inmitten all der großen Fragen über das Universum und die wahre Natur unserer Existenz bleibt diese Freiheit die konstitutive Größe, die uns als Menschen ausmacht. Selbst wenn die Welt um uns herum von äußeren Kräften beeinflusst wird, sei es durch physikalische Gesetze oder durch gesellschaftliche Strukturen, können wir dennoch unseren eigenen Kurs wählen. Wir haben die Verantwortung, diese Freiheit nicht nur für uns selbst zu nutzen, sondern sie auch in unserem täglichen Leben auf eine Weise zu verkörpern, die im Einklang mit unseren höchsten moralischen Prinzipien steht. In dieser Verantwortung liegt auch die Aufforderung, unser Leben mit Sinn zu füllen.

Es mag verlockend sein, sich in die Gedanken zu vertiefen, ob wir in einer Simulation leben oder ob unser Universum einem höheren Plan folgt, doch das Wichtigste bleibt, wie wir als Individuen handeln. Unser Leben wird durch die Entscheidungen, die wir treffen, und die Werte, die wir vertreten, definiert. Es geht darum, ein Leben zu führen, das von Tugend und moralischem Handeln geprägt ist, ein Leben, das nicht nur durch äußere Umstände bestimmt wird, sondern von der inneren Überzeugung, das Richtige zu tun. In der Tradition vieler spiritueller und philosophischer Systeme, die sich mit der Bedeutung des Lebens beschäftigen, wird betont, dass es darum geht, ein Leben zu führen, das im Einklang mit höheren Prinzipien steht – Prinzipien, die uns zu einem besseren, liebevolleren und gerechteren Miteinander führen.

Ob wir nun glauben, dass wir in einer echten Welt oder in einer Simulation leben, unsere Aufgabe auf Erden bleibt unverändert: Wir sind dazu berufen, ein tugendhaftes Leben zu führen. Ein Leben, das auf Mitgefühl, Gerechtigkeit und Weisheit basiert. Ein Leben, das die göttlichen Prinzipien in uns widerspiegelt und zu einem besseren Verständnis unserer eigenen Existenz führt. Die wahre Bedeutung unseres Daseins liegt nicht in der Frage, ob wir in einer

Simulation leben, sondern in der Art und Weise, wie wir unser Leben gestalten und welche Werte wir vertreten. In dieser Erkenntnis finden wir die wahre Bedeutung unseres Daseins. Sie liegt nicht in der äußeren Welt oder den Umständen, die uns umgeben, sondern in der inneren Entscheidung, wie wir auf diese Welt reagieren und welche Haltung wir einnehmen. Die großen Fragen des Lebens, die Frage nach der Natur unserer Existenz und der Bedeutung unseres Daseins, lassen sich nicht allein durch äußere Beobachtungen und wissenschaftliche Erklärungen beantworten. Sie erfordern eine tiefere Reflexion über das, was es bedeutet, ein menschliches Wesen zu sein, das in der Lage ist, Entscheidungen zu treffen, Verantwortung zu übernehmen und in Einklang mit einem höheren moralischen und spirituellen Ziel zu leben.

Das Vertrauen in unseren freien Willen und die Verantwortung, die mit dieser Freiheit kommt, sind der Schlüssel zu einem erfüllten Leben. Auch wenn wir uns mit den Fragen der Simulation und der Natur der Realität auseinandersetzen, sollten wir nie vergessen, dass unser Handeln und unsere Entscheidungen in Gottes Hand liegen und dass es unsere Aufgabe ist, in dieser Welt mit Liebe, Weisheit und Gerechtigkeit zu wirken. In diesem Sinn finden wir den wahren Sinn unseres Daseins, unabhängig von der Frage, ob wir in einer simulierten oder in einer „realen" Welt leben.

Weiterführende Literatur

1. Philosophische Grundlagen
Ewigkeitstheorie der Zeit (Eternalism): Die philosophische Theorie des Eternalismus besagt, dass Vergangenheit, Gegenwart und Zukunft gleichermaßen real sind. Diese Sichtweise steht im Gegensatz zum Präsentismus, der nur die Gegenwart als real betrachtet. Der Eternalismus wurde von Philosophen wie Platon, Immanuel Kant und J.M.E. McTaggart diskutiert. McTaggart argumentierte in seinem Aufsatz „The Unreality of Time" (1908), dass Zeit eine Illusion ist und alle Zeitpunkte gleichzeitig existieren.
Quellen: McTaggart, J.M.E. (1908). „The Unreality of Time". Mind: A Quarterly Review of Psychology and Philosophy.
Dainton, Barry (2010). „Time and Space". McGill-Queen's University Press.

2. Moderne Physik
Einsteins Relativitätstheorie: Albert Einsteins spezielle und allgemeine Relativitätstheorie revolutionierte das Verständnis von Raum und Zeit. Nach Einstein ist Zeit keine absolute Größe, sondern relativ und eng mit dem Raum verbunden (Raumzeit). In diesem Modell existieren alle Ereignisse in der Raumzeit gleichzeitig, und die Unterscheidung zwischen Vergangenheit, Gegenwart und Zukunft ist subjektiv. Dieses Konzept wird oft als Blockuniversum bezeichnet.
Quellen: Einstein, Albert (1905). „Zur Elektrodynamik bewegter Körper" (Spezielle Relativitätstheorie).
Einstein, Albert (1915). „Die Feldgleichungen der Gravitation" (Allgemeine Relativitätstheorie).
Quantenmechanik und Zeit: In der Quantenmechanik gibt es Phänomene wie Verschränkung und Superposition, die darauf hindeuten, dass Zeit möglicherweise nicht linear verläuft. Einige Interpretationen der Quantenmechanik, wie die Viele-Welten-Interpretation, deuten darauf hin, dass alle möglichen Zustände der Realität gleichzeitig existieren.
Quellen: Everett, Hugh (1957). „Relative State Formulation of Quantum Mechanics".
Deutsch, David (1997). „The Fabric of Reality". Penguin Books.

3. Simulationstheorie
Simulation als Blockuniversum: Wenn unsere Realität eine Simulation ist, könnte die Zeit in dieser Simulation als eine Art „gespeicherte Datenstruktur" existieren, in der Vergangenheit, Gegenwart und Zukunft gleichzeitig kodiert sind. In diesem Fall wäre die lineare Wahrnehmung der Zeit nur eine Illusion, die durch die Programmierung der Simulation erzeugt wird.
Quellen: Bostrom, Nick (2003). „Are You Living in a Computer Simulation?". Philosophical Quarterly.
Chalmers, David (2019). „Reality+: Virtual Worlds and the Problems of Philosophy". W.W. Norton & Company.

4. Bewusstseinsforschung
Zeitwahrnehmung und Bewusstsein: Die menschliche Wahrnehmung der Zeit ist subjektiv und kann durch Bewusstseinszustände wie Meditation, Trance oder psychedelische Erfahrungen verändert werden. Einige Theorien, wie die Orch-OR-

Theorie von Stuart Hameroff und Roger Penrose, schlagen vor, dass Bewusstsein auf Quantenprozessen im Gehirn basiert, die möglicherweise Zugang zu nicht-linearen Zeitstrukturen ermöglichen.
Quellen: Hameroff, Stuart & Penrose, Roger (1996). „Orchestrated Reduction of Quantum Coherence in Brain Microtubules". In: Toward a Science of Consciousness.
Dennett, Daniel (1991). „Consciousness Explained". Little, Brown and Company.

5. Experimentelle Hinweise

Quantenexperimente: Experimente wie das Delayed-Choice-Experiment von John Wheeler deuten darauf hin, dass die Vergangenheit durch zukünftige Entscheidungen beeinflusst werden kann. Dies legt nahe, dass Zeit möglicherweise nicht linear ist, sondern alle Zeitpunkte in einer Art „Superposition" existieren.
Quellen: Wheeler, John Archibald (1978). „The 'Past' and the 'Delayed-Choice' Double-Slit Experiment". In: Mathematical Foundations of Quantum Theory.
Aspect, Alain (1982). „Experimental Tests of Bell's Inequalities". Physical Review Letters.
Zeitreisen und geschlossene zeitartige Kurven:
In der theoretischen Physik werden geschlossene zeitartige Kurven (CTC) diskutiert, die es ermöglichen könnten, in der Zeit zu reisen oder Vergangenheit und Zukunft zu überlappen. Diese Konzepte wurden von Physikern wie Kurt Gödel und Kip Thorne untersucht.
Quellen: Gödel, Kurt (1949). „An Example of a New Type of Cosmological Solution of Einstein's Field Equations of Gravitation". Reviews of Modern Physics.
Thorne, Kip (1994). „Black Holes and Time Warps: Einstein's Outrageous Legacy". W.W. Norton & Company.

6. Spirituelle und mystische Perspektiven

Ewigkeit in spirituellen Traditionen:Viele spirituelle Traditionen, wie der Buddhismus, Hinduismus und die Mystik, betrachten Zeit als eine Illusion und lehren, dass alle Zeitpunkte gleichzeitig existieren. In der Vedanta-Philosophie wird die Zeit als Maya (Illusion) beschrieben, während in der Kabbalah die Ewigkeit als ein Zustand jenseits der Zeit betrachtet wird.
Quellen: Swami Vivekananda (1896). „Raja Yoga". Ramakrishna Mission.
Eliade, Mircea (1954). „The Myth of the Eternal Return". Princeton University Press.